実例から読みとく

事業承継トラブルの対応策

著　城所 弘明 （税理士・公認会計士・行政書士）

新日本法規

は　し　が　き

　税理士として、40年余り相続・事業承継のコンサルティングを行わせていただき、いろいろな方々と出会い、さまざまな人間模様に触れることができました。

　経営や財産は大事なものですが、それゆえに、これほど人間性の表裏をのぞかせるものもありません。立派な経営者が経営や財産のために親や兄弟を憎む姿を目の当たりにするたび、「本来は立派な人であるのに…」と、とても悲しい思いをしてきました。また、後継者である息子との確執に苦しんだり、他の推定相続人からの突き上げなどで悩んだりする様子を見るたび、何とかしてあげられないかと思ってきました。

　ただ、もちろん辛い思いばかりではなく、喜びもありました。この仕事を通じて多くの立派な方々と接することができ、いろいろな勉強をさせてもらったことに感謝しています。

　相続や事業承継は千差万別、それぞれの人間模様や財産関係をパターン化することは困難です。本書では、私が実際に直面した相続や事業承継の課題の「気づき」及び「見える化」を心掛けて紹介します。皆さまに本書が事業承継の具体的な磨き上げと実行することの参考になれば望外の喜びです。

　本書は、エヌピー通信社の「納税通信」に連載したものを再編集したものです。今回の発行に際し、同社編集局の古川廣紀氏に大変お世話になりました。ここに深く感謝の意を表します。

　令和3年11月

税理士・公認会計士・行政書士　城所　弘明

著 者 略 歴

城所 弘明（きどころ ひろあき）
税理士・公認会計士・行政書士
城所総合会計事務所 所長

＜主な役職＞
・日本商工会議所：税制専門委員会「学識委員」
・東京商工会議所：税制委員会「委員」
・小松製作所：コマツ経営トップセミナー「専属講師」
・中小企業大学校：担当講師
・東京税理士会：研修担当講師
・東京商工会議所：研修担当講師

＜主な著書・共著＞
・『事業承継スタートノート』（清文社）
・『実践 経営改善計画の進め方』・『倒産社長にならないための経営術』
　（清文社）
・『専門家のためのＱ＆Ａ経営承継円滑化法・事業承継税制徹底活用』
　（ぎょうせい）
・『事業承継支援マニュアル』（日本公認会計士協会出版局：委員とし
　て参加）
・『社長さん必読！プロが教える事業承継の税金と法律』（東洋経済新
　報社）
・『経営者のための事業承継と相続』（ＣＤ－ＲＯＭ版）・『戦略キャッ
　シュフロー経営』・「実践経営計画」（城所会計事務所）

- 『上手に使おう！中小企業税制』、『中小企業の会計』、『事業承継ガイドライン20問20答』・『今すぐやる経営革新』・『夢を実現する創業』（中小企業庁：制作協力）
- 『これでスッキリ！改正消費税』、『これでスッキリ！消費税申告 解説書』、『消費税マニュアル420問420答』（日本商工会議所：制作協力）

略　語　表

<法令等の表記>

　根拠となる法令等の略記例及び略語は次のとおりです（〔　〕は本文中の略語を示します。）。

　租税特別措置法第70条の7の5第1項＝措法70の7の5①

会社	会社法
相法	相続税法
措法	租税特別措置法
経営承継円滑化法	中小企業における経営の承継の円滑化に関する法律
民	民法
所基通	所得税基本通達
評基通	財産評価基本通達
法基通	法人税基本通達
〔経営者保証ガイドライン〕	経営者保証に関するガイドライン

目　次

第1章　戦国時代に学ぶ事業承継

第2章　経営上の課題とその対応策

第1　経営者に求められる意識改革

第2　後継者に求められる資質

第1章　戦国時代に学ぶ事業承継
＜第1章のポイント＞

1　事業承継の対象となる構成要素

　事業承継の対象となる構成要素には、人（経営）の承継、財産の承継、知的資産の承継があります。

　人（経営）の承継とは、先代経営者の経営力（カリスマ性、豊富な実務経験など）に関するもので、戦国時代においても織田信長・豊臣秀吉・武田信玄・上杉謙信などが亡くなると、途端に事業が上手く成り立たなくなってしまいました。この経営力は目に見えませんが、事業承継にとっては非常に重要なものといえます。

「人（経営）」の承継	「財産」の承継
・経営者の経営力 ・経営権 ・経験（失敗・挫折など）	・自社株式 ・事業用資産（不動産など） ・資金（会社への貸付金など）

「知的資産」の承継		
・社会的な信頼・信用	・従業員の技術や技能	・ノウハウ
・経営者の信用	・取引先との人脈	・顧客情報
・知的財産権（特許等）	・許認可　　　等	

（出典：中小企業庁　平成28年12月5日公表「事業承継ガイドライン」を
筆者が改編）

2　事業承継におけるタテとヨコの課題

　事業承継における課題には「タテ」と「ヨコ」の2種類があります。

　「タテ」の課題は、現経営者と後継者との関係です。少子化の影響

で、後継者の地位が相対的に強くなり、事業の経営理念や経営方針を
めぐり対立するケースが増えてきました。

　「ヨコ」の課題は、後継者と事業をめぐる利害関係者との関係です。
民法の均分相続（民900）により他の相続人の地位が強くなっており、
また社内の経営幹部たちもはっきりと「物申す」ようになってきてい
ます。事業承継の実務ではこれらに十分配慮する必要があります。

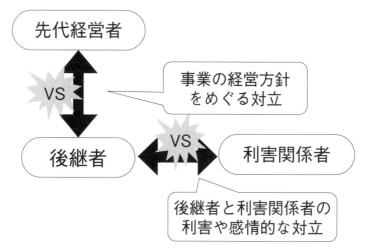

3　事業承継対策において検討すべき4つの課題

　事業承継は、「相続」よりも広い視野で考える必要があります。事業
承継を円滑に行うには、長い期間の準備が必要となり、「知識」だけで
はなく、「実行すること」が重要となります。

　昭和の前半の時代においては、事業承継というと「税負担の問題」
が対策の中で主要な地位を占めておりました。しかしながら現代の事
業承継においては、次のような多岐にわたる課題の検討が必要とする
ことが分かってきました。

　すなわち、「経営そのもの」、「法務」、「財務」「税務」などの様々な
観点から課題を洗い出し、対応策を練ることが重要なのです。

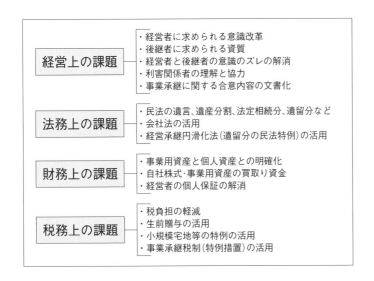

4　事業承継は心臓（経営者）の移植という大手術

　企業を人間に例えると、企業経営者は人間の「心臓」のようなものです。そして事業承継による経営者の交代は、人間でいうと「心臓の移植手術」に当たります。そのため事業承継は、企業のあらゆる利害関係者への影響を配慮しながら、慎重に行う必要があります。

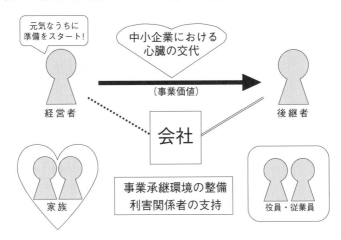

【1】　戦国一忙しい経営者だった秀吉！後継者の交代と準備不足の落とし穴

事案の概要

　豊臣秀吉は1582年の本能寺の変を契機として、運命的に天下取りのチャンスを獲得しました。しかしながら、単に運がよかっただけではなく、その後の凄まじい努力と行動から勝ち取ったものであることはご存知のことと思います。

　では、このような秀吉がなぜ事業承継では失敗して、豊臣家は滅亡したのでしょうか。「事業承継」対策を考える上で、重要なヒントがあるように思います。

◆戦国一忙しすぎた豊臣秀吉の手腕

　豊臣秀吉が戦国時代きっての経営者であったことは疑いの余地がないと思います。本能寺の変の後、山崎の戦いで明智光秀を破った秀吉は45歳の働き盛りでした。その後、並々ならぬエネルギーや抜群の調略能力で次々とライバルを倒していきます。

　46歳で柴田勝家を滅ぼし、47歳で織田信雄・徳川連合軍と戦い、48歳で四国、50歳で九州、53歳で関東と奥州を平定します【表1】。ついに天下統一を果たしたその手腕は、まさに戦国一の働き者の経営者と呼ぶべきでしょう。

　しかしその後の事業承継対策で、秀吉はつまずきました。54歳で、甥の秀次を後継者に選んで関白を譲ったはずが、その後に実子の秀頼が誕生してしまったため、58歳の時に、すでに後継者として育てていた甥（秀次）を殺してしまったのです。60歳になってから五大老・五奉行制度など承継のための組織づくりを始めたものの、1年も経たぬ

うちに秀吉は没しました。その時、後継者（秀頼）はまだ6歳だったのです。その後、関ヶ原の戦いや大坂の陣を経て、豊臣家は秀頼でその命脈を絶たれてしまいました【表2】。

【表1】働きすぎの経営者だった秀吉

１５８２年（45歳）	本能寺の変、明智光秀を撃破、清州会議。
１５８３年（46歳）	柴田勝家を破る、大坂城を築城。
１５８４年（47歳）	織田信雄・徳川家康と戦う。
１５８５年（48歳）	長宗我部元親を破り、四国を平定。
１５８６年（49歳）	徳川家康が秀吉の家臣となる。
１５８７年（50歳）	島津義久を破り、九州を平定。
１５９０年（53歳）	北条氏を破り、関東と奥州を平定して、天下統一。
１５９２年（55歳）	朝鮮に出兵（文禄の役）。
１５９４年（57歳）	大坂城から伏見城に入城。
１５９７年（60歳）	2度目の朝鮮出兵（慶長の役）。
１５９８年（61歳）	伏見城で天寿を全う。

【表2】秀吉と後継者の関係

１５９１年（54歳）	秀次（24歳）を後継者、関白に。
１５９３年（56歳）	秀頼誕生、溺愛。
１５９５年（58歳）	秀次（28歳）切腹。一族38人抹殺。秀頼を後継者に。
１５９７年（60歳）	五大老・五奉行制度を設置。
１５９８年（61歳）	秀吉没。秀頼（6歳）が豊臣家当主に。
１６００年	秀頼（8歳）関ヶ原の戦い。

◆秀吉が犯してしまった承継時の2つのミス

　秀吉の事業承継の失敗には、現代の事業承継にも共通する、2つの大きなミスがあります。

1　安易に一度は後継者と決めた秀次（甥）を変更したこと

　すでに秀吉は甥の秀次を後継者に決めて組織づくりなどの事業承継環境を整えていました。さらに大名たちは先を争って自分の娘を後継

者・秀次の嫁にしようと画策しました。しかし奇跡的というべきか、秀吉に実子の秀頼が誕生しました。そして、後から生まれた実子の「わが子かわいさ」のあまり、先に決まっていた後継者を排斥してしまったのです。このことで後継者（秀次）の周りの関係者たちに、大きな混乱と将来に残る不信感を与えてしまったのだと筆者は考えます。

2　事業承継の対策が遅すぎたこと

　新たな後継者である秀頼を選んだ時点で秀吉は老い、そして秀頼は帝王学を授けるにはあまりにも幼すぎました。秀吉が亡くなった時点で秀頼は6歳、関ヶ原の戦いの時点ではまだ8歳です。秀頼のために事業承継の組織づくり（五大老・五奉行制度）を行ったのは死の約半年前で、十分に組織体制を確立することができず、対策の遅れが後々まで響くことになりました。

実務上の留意点

1　事業承継対策は早めに取り組むこと

　事業承継は経営上の最も重要な課題の一つですが、忙しい経営者は目先の大きな経営課題を優先しがちになり、「事業承継」をまだ先のことと考え、先送りする傾向があります。

　45歳から働き詰めの毎日だった秀吉が、後継者秀頼のために事業承継の準備として組織づくり（五大老・五奉行制度）を行ったのは亡くなるわずか半年前であり、事業承継の準備が遅すぎたといえます。事業承継という経営課題の先送りはNGなのです。

2　事業承継では後継者の安易な変更はNG

　全国統一を果たした秀吉は54歳の時に甥の秀次を後継者として関白にしますが、56歳でわが子秀頼が誕生して以降、秀頼を溺愛して、58

歳の時に秀次（28歳）を切腹させ、一族38人を抹殺します。これにより秀吉の事業承継の準備が大幅に遅れました。また秀次の一族は大部分が他の大名から嫁いだ側室であり、大名たちとの間に将来の禍根を作ってしまったのではないかと考えます。

3　事業承継は5年〜10年の長い準備期間が必要

　後継者が優れた先代の経営力を引き継ぐためには5〜10年の長い準備期間を必要とします。だからこそ経営者は、後継者が十分に経営力を引き継げるよう、早い段階から計画的に事業承継対策に取り組み、それを全力でバックアップしていくことが重要となります。

　豊臣秀吉が当初の後継者である「秀次」を殺さなければ、また、もっと早く「秀頼」のために事業承継の準備体制を整えておけば、豊臣家は別の形で存続していたのではないかと悔いられます。

【2】　武田家はなぜ滅びたのか？二代にわたる承継失敗の要因

> ### 事案の概要

　戦国時代最強といわれた騎馬隊、周辺から恐れられた調略など武田家は戦国時代の甲斐における最強の大名であったことは疑いがありません。誰もが認める戦国の雄であった武田家も事業承継の落とし穴に陥り、滅亡してしまいました。

　本項目では二代にわたる3つの要因について検討します。

1　最初の承継トラブル（息子が父を追放！？）

　武田家は代々続く甲斐の国の守護の家柄ですが、1507年に信玄の父である信虎が家督を相続した当時は、甲斐国内で争いが続き、武田家はそれほどの勢力ではありませんでした。信虎は1519年に本拠地の甲府で城下町を整備し、その3年後には今川勢を撃破、撤退させて、甲斐の国を統一しました。この頃、長男の信玄（当時の名は晴信）が生まれました。つまり、後に信玄が甲斐の大名として飛躍する基礎は、父である信虎が築いたのです。

　当時の武田家は、後に有名となるような強固な主従関係によって立つ組織ではなく、それぞれが独立心のある領主の連合体のような集まりでした。そのため信虎の強引ともいえる経営手法に対して、家臣団は相当不満を募らせていたようです。さらに信虎は長男である信玄とも相性が悪いのか、頻繁に意見対立が生じていました。

　そして1541年、信虎が娘の嫁ぎ先である駿河へ向かった留守を狙い、板垣信方や甘利虎泰などの重臣が信玄を擁立して反乱を起こし、国境を封鎖したのです。結局、信虎は甲斐には戻れず、駿河の今川家の食

客とならざるを得ませんでした。信虎が基礎を築いた甲斐の国は、こうして息子の信玄が治めることになったのです。

　現代においても、経営者と後継者との対立関係の中で幹部たちが派閥に分かれ、大きなお家騒動の原因となるケースは珍しくありません。武田家も、重臣たちが後継者側について起こした反乱でした。

　信虎も、家臣団に対してもう少し配慮を示すべきだったのかもしれません。

2　第2の承継トラブル（長男を切腹させた信玄）

　1538年、信玄に長男の義信が生まれました。義信は12歳で元服し、その直後に今川義元の娘を正室に迎えています。1554年の初陣では敵の要害を9つも落とすというあっぱれな戦果を挙げ、後継者への地位は盤石なものとなっていました。

　ところが1565年、義信は「信玄暗殺計画に関与した」との理由で突然幽閉され、その2年後には切腹を命じられることとなります。

　なぜ、こんな事態になってしまったのか。諸説ありますが、信玄が駿河の今川家を攻める方針を決めた時、妻の実家がある義信は、当然これに猛反対したといいます。この方針の対立はどちらも妥協できない事項だったようで、両者の意見は折り合うことはありませんでした。信玄としてはこれを放置すれば、自分がそうやってきたように家臣団の中に義信派閥が台頭する危険性が高くなります。それを嫌って、信玄はいち早く義信に罪を着せたのではないかというのが筆者の考えです。

　現代でも、事業承継において「親子の対立」はトラブルの種になる要因です。しかし、お互いの育った環境や教育の違いなどから、親子といえども意見対立は多かれ少なかれ発生するものです。経営者は、後継者とは「自分とは考えが違う人間であること」を認識し、事業の基本方針についてはお互いに対話を通じてわかり合う努力が重要で

す。

3　第3のトラブル（「偉大すぎる父」の後継者）

　武田勝頼は1546年に信玄の四男として生まれました。本来は武田家の家督を継ぐ立場ではなかったのですが、長男義信は切腹、次男は出家し、三男は早世だったため、勝頼が後継者となり、1573年の信玄の死により家督を相続しました。

　武田家は信玄の時代から、戦術会議による組織体制（今でいう役員会議）が確立されていました。そうした中で勝頼は、たえず家臣から「故信玄公であれば、こうなさるはず」と言われ、自分の意思を通すことができませんでした。

　その結果、亡くなった父親の幻影に自分の活動が制限されることに反発して暴走を繰り返し、最終的に家臣の離反を招いてしまいました。そして1575年、長篠の戦で織田・徳川連合軍に敗北。6年後の37歳の時に天目山の戦いで敗れて自害し、これにより甲斐武田家は滅亡しました。

　この承継失敗を未然に防ぐためには、信玄が生前のうちから、自分の死後における後継者の組織体制について気を配るべきであったと思います。後継者はいつも先代の経営者と比較される重圧に耐えなければならないものです。先代経営者はなるべく早い時期に後継者の経営力の育成に努めるべきです。

実務上の留意点

1　経営者は後継者に事業を譲る覚悟を持つこと

　戦国時代に甲斐一国をまとめあげた武田信虎もなかなか子供の信玄に跡を譲らなかったのです。経営者によって、今の事業を譲ることについては大きな決断を要する重大ごとですが、いつかは事業を承継さ

せる覚悟も重要です。

　そしてその際は、周囲の利害関係者への配慮も忘れないようにしなければなりません。

2　事業の基本的な経営方針を親子間で共有すること

　事業承継では親子のコミュニケーション不足と経営方針における対立は絶対にNGです。事業承継では、経営者と後継者とは経営理念や経営基本方針を互いに共有するように努めることが重要です。

3　後継者は経営者と絶えず比較される覚悟を持つこと

　事業承継においては後継者が経営者と比較されることはよくあることです。後継者が自分自身を先代経営者より劣っていると考えないようにするには、自分を責めるのではなく「むしろ前経営者が偉大なのだ」と考えるべきでしょう。

4　計画的に事業承継対策に取り組むこと

　本項目では武田家二代、三武将における事業承継の失敗事例を挙げました。これらの事例は、現代の事業承継においても教訓になるのではないでしょうか。経営者は、後継者が十分に「経営力」を引き継げるように早い段階から計画的に事業承継対策に取り組み、信頼関係の元でバックアップしていくことが重要だということをご理解いただけたと思います。

【3】 戦国一のカリスマ経営者信長の死角！「本能寺の変」は経営的必然だったのか

事案の概要

　織田信長は1534年に織田信秀の嫡男として尾張に生まれ、1552年に、父の死去により18歳で家督を相続しましたが、家督継承後の信長はその勢力を維持する力が十分にあるとはいえませんでした。外部には清洲城の尾張守護代・織田大和守家という対立者、内部にも弟・信勝などの競争者を抱え、幼少時から奇天烈な行動が多かった信長は、周囲から「大うつけ」と呼ばれていたのです。そのため、家督を継いだ信長に対して母親や重臣たちが拒否反応を起こし、「弟の信勝のほうが優秀だ」として、信勝を立てて争いを起こしたのです。その後、1557年に信勝との争いに勝利した信長は織田家当主の座を確立し、1559年には織田一門の宗家であった岩倉城主・織田信賢を追放して尾張を統一し、ついに国主となりました。

　現代においても、経営者の死後、後継者とその兄弟たちが対立し、幹部たちが派閥に分かれて大きなお家騒動の原因となることが、たびたび見受けられます。そうした幹部たちの反乱が、後継者のその後の経営に与える影響はいかばかりでしょうか。信長についても、若き日の厳しい体験が、彼の人柄に大きな影響を与えたものと推測します。

◆戦国の覇者となった信長、夢半ばにして本能寺に散る

　信長は、寺社など中世的権威を破壊する一方で、貿易の奨励、楽市・楽座の設置など財政基盤を強化し、鉄砲隊・鉄船など独特な戦術を編

み出す、いわば戦国時代の「カリスマ経営者」でした。

　尾張を統一後、信長は1560年（27歳）に桶狭間の戦いで今川義元に勝利し、破竹の勢いで天下統一の大事業に邁進します。近隣の群雄を攻め従え、1573年には将軍・足利義昭を京から追放して室町幕府を滅亡させると、1575年（42歳）に長篠の戦いで武田氏に勝利。そして1576年（43歳）、安土城を築いて全国統一に乗り出しました。1575年には権大納言・右近衛大将を兼任し、嫡男である信忠に一大名家としての織田家の家督並びに美濃・尾張などの織田家の領国を譲りましたが、引き続き信長は織田政権の政治・全軍を総括する立場を維持するなど、まさに織田家の経営は順風満帆だったといえるでしょう。

　しかしご存じのとおり、1582年、天下統一を目前にして信長は、重臣の明智光秀による謀叛を受け横死することとなります。

◆カリスマ経営者だった信長の“死角”とは

　本能寺の変の真相は、日本史最大の謎の一つであり、21世紀の現在も諸説分かれるところです。その真相はさておき、なぜ信長は夢半ばで散ることとなったのでしょうか。

　伝統を重んじる中世的権威を拒絶して、楽市・楽座、鉄砲隊、鉄船など独創性を発揮した戦国時代のカリスマ経営者信長の失敗の原因について、筆者は次のように考えます。

1　独創的な人事政策

　信長は、豊臣秀吉や光秀などの中途採用組を重用し、これと譜代の家臣団を競わせるという競争原理の導入による人事制度を採りました。現代でも多くの企業で競争原理の導入が行われています。

　経営学的には、この「生え抜き」と「中途採用」との競争原理は理にかなっており、「生え抜き」は「中途採用者」には負けまいと、中途採用者は少しでも多く手柄を立て出世したいと張り切るものです。

　信長はこれ以外にも占領した城の周りに家臣を住まわせる、今でいうところの「単身赴任制度」など、人事面で画期的な手法を採用しています。しかしながら、乱世真っただ中とはいえ、部下たちにとっては大変な苦痛を感じたのではないでしょうか。

2　周囲への配慮の欠如

　信長はその生い立ちの由来からか周囲への「人間味や優しさ」に欠けていたのではないでしょうか。信長の家臣をみる目はとりわけ「道具として使えるかどうか」だったようです。それが色濃く表れたのが、「本能寺の変」の2年前の出来事です。信長の幼少期から仕え、石山本願寺の担当司令官で織田家最大の家臣団を擁していた佐久間信盛に対して信長は、その本願寺を屈服させた直後に「働きが悪い」などと難癖をつけ、理不尽なリストラ（追放）を行いました。また信盛以外の重臣も、相次いでリストラしました。この事件は柴田勝家や秀吉ら織田家の軍団長クラスに強い危機感を与えたはずです。筆者だったらこのような経営者のいる会社はすぐに退職しますが、戦国時代ともなるとそう簡単に退職するわけにはいきません。

　個人的な意見ですが、このような思いもかけないリストラを行う信長に対し、家臣の信長への忠誠心は薄れ、本能寺の変のような反乱は遠からず誰かが起こしてもおかしくない状況だったのではないかと考えます。信長は幼少期から「大うつけもの」と陰口されて人の反感を買い、承継時にも弟に反乱を起こされるなど数々の裏切りを受け、逆境を乗り越えてきました。そのことが信長の人格形成において、「人を道具」とする考え方に行きついたのかもしれません。しかしその結果として、後継者も育って天下統一もあと一歩というところで幹部の光秀の謀反にあい、事業は頓挫することとなりました。

実務上の留意点

1　利害関係者への配慮は事業承継の前提条件

　事業とは、企業を取り巻く利害関係者、とりわけ幹部の理解と支持があって成り立っています。信長の事例は現代の事業承継においてもよい教訓になるのではないでしょうか。事業承継において経営者は、後継者が十分に経営力を引き継げるよう早い段階から計画的に事業承継対策に取り組むことが必要です。その際には後継者との信頼関係を築いてバックアップしていくだけでなく、事業を取り巻く利害関係者への配慮も忘れてはいけません。事業承継の主役は経営者と後継者ですが、周囲の利害関係者への配慮を忘れてはいけません。

2　後継者に必要な資質は「人間学」の要素

　筆者が事業承継の支援を行っていく中で、海外の大学に留学経験があるなど様々な優秀な後継者と多く知り合いになることができました。その後継者たちの経営のおける画期的な技術や経営手法などにはとても感心させられます。ただ、企業には先代経営者のもとで働いていた古参の幹部たちがおり、彼らを気持ちよく働かせるためには、後継者に「経営者としての人間味や優しさ」が必要だと感じております。

　筆者が後継者教育で特に重要視しているのは、この「人間味や優しさ」の部分です。つまり経営理論であまり取り扱われていない「人間学」が事業承継ではとても重要となります。

　どんな忠義心をもった部下でも、人間味のない対応を行っていると、オオカミに変身する危険性もあるのです。

【4】　血みどろの後継者争いが勃発！謙信から学ぶべき教訓

事案の概要

　事業承継においては、承継の受け皿となるべき後継者をしっかりと確定し、経営者にふさわしい人物となるよう時間をかけて教育することが重要です。特に後継者候補が複数人存在するケースでは、早めに後継者を確定しておかないと利害関係者たちが疑心暗鬼に陥る危険性があります。後継者が確定しないまま経営者が亡くなった時には、大きなお家騒動に発展する危険性が非常に高くなるのです。

　本項目では、上杉謙信が後継者を決めないまま急死したため、血みどろの後継者争いが勃発し、衰退していった上杉家の悲劇を検討します。

◆越後のカリスマ経営者！上杉謙信の勢力拡大

　上杉謙信は1530年に越後国守護代であった長尾為景の四男として生まれ、はじめは長尾景虎と名のり、その後、武将としての才能があったために長尾家の家督を継ぎました。1553年から1564年にかけては、武田信玄との5回にわたる戦いを繰り広げます。1561年には、当時の関東管領だった上杉憲政から山内上杉氏の家督を譲られ、上杉政虎と改名をして関東管領の役職も引き継ぎました。まさに戦国時代の越後のカリスマ経営者といえるでしょう。

　しかし1578年に遠征の準備中、春日山城の厠（便所）で脳卒中に倒れ、49歳の若さで死去しました。謙信は生涯を通じて70回戦い、敗北したのは1～2回といわれています。

◆後継者は誰か？勃発した跡目争い

　謙信の死後、家督の後継をめぐり、ともに謙信の養子である上杉景勝と上杉景虎との間でお家騒動が起こりました。景勝は謙信の甥（姉の子）であり、越後守護上杉家の血筋でもありました。一方の景虎は、戦国時代の関東の雄である小田原北条氏の血筋（北条氏康の実子）でした。

　2人は歳も近く、官位や権限も甲乙つけがたい状況だったようです。両雄並び立たず、跡目争いは越後を真っ二つに割った壮絶なものになりました。2年に及んだ内乱の末、景勝が勝利しましたが、国は荒れ、勝った側の武将たちも恩賞の配分をめぐり対立し、上杉家の軍事力は見る影もなく疲弊してしまいました。そのため、北陸を東進する織田信長などの近隣諸勢力の軍事侵攻に苦慮し、戦国の世に埋もれていくことになったのです。

◆謙信の失敗から学べる教訓とは

1　49歳という若さでの突然の死

　上杉謙信の事業承継における失敗の原因の一つは、49歳という若さでの突然の死だったことです。史料などによれば脳卒中で倒れた後は亡くなるまで昏睡状態であったといい、遺言を残すことができなかったのでしょう。謙信の意思で跡継ぎが決められなかったことが、なんとも悔やまれます。

2　万が一に備えて、後継者を決めておかなかったこと

　たとえ予期しない死に方であったとしても、万が一に備えて後継者を確定しておかなかったことです。「自分に勝る人物はいない」という自負があったかどうかは分かりませんが、戦国時代では今と違って寿命が短かったはずです。早い段階で後継者をしっかりと確定しておくべきでした。

［参　考］

　現代でも、後継者の決定を「そのうちに決める」と先送りしている
経営者が多く見受けられます。東京商工会議所が2021年に公表した
『事業承継の取り組みと課題に関する実態アンケート報告書（2021年
2月）』によると、「既に後継者を決めている」という回答は31.3%にす
ぎません。多くの経営者が後継者を確定していない状況にあることが
分かります。

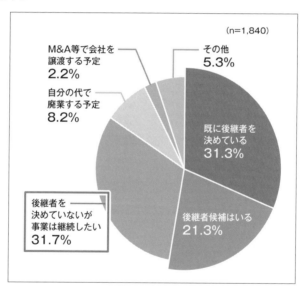

実務上の留意点

1　不慮の事故や病気に備えて、遺言書を作成すること

　上杉謙信の急死は決して特殊な例ではありません。医療が発達した
現代でも、脳卒中や心筋梗塞などを発症し、トイレや風呂場で倒れる
経営者が時々見受けられます。交通事故、新型コロナウイルス感染症
なども考えれば、予期せぬ不慮の死のリスクは、むしろ現代の方が多

いのではないでしょうか。

　人生はいつ何時、急病や事故が起こるか分かりません。上杉謙信を反面教師にして、経営者は生前から早めに「遺言書」を作成しておいて、状況を見ながら更新していくなどの整備を行うことをお勧めします。

（注）　2018年7月の民法改正により、2019年1月13日から自筆証書遺言の要件が次のように緩和されました。

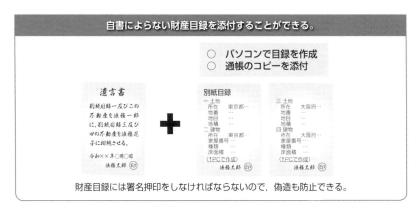

（出典：法務省パンフレット「相続に関するルールが大きく変わります」）

2　事業承継を円滑に行うために、なるべく早期に後継者を決定すること

　先代経営者が後継者を決定するだけでなく、後継者自身が納得する形で決めることが大切です。特に後継者候補が複数いる場合には、なるべく早い時期に後継者を決定しておきましょう。

【5】　事業承継のお手本の元就！「三本の矢」で本家を盛り立てよ

> ### 事案の概要
>
> 　毛利元就の最も有名なエピソードとして「三本の矢」の逸話があります。元就が1557年、60歳の時に隆元、元春、隆景の3人の息子に宛てて書いた文書『三子教訓状』が出典で、「一本の矢では簡単に折れてしまうが、三本まとまると容易に折れることはない。兄弟3人が結束力を強め毛利家を守ってほしい」と、元就が3人に言い聞かせたという内容です。実は前述の文書にそのもののエピソードがあるわけではなく、会話は後世の作り話という説もありますが、毛利家の危急存亡の際にはこの教えを"親爺の言葉"として一族は結束したことでしょう。本項目では、この「三本の矢」を例にとって事業承継について考えてみます。

◆一代で中国地方を統べた瀬戸内の覇者

　元就の主な経歴は下表のとおりです。元就は、吉川、小早川両氏に自分の息子を養子として送り込むことによって、安芸、石見、備後にまたがる領地を支配下に置き瀬戸内海の制海権も手に入れました。そして大内氏や尼子氏を攻略し、一代にして中国地方のほぼ全域を支配する戦国大名に成り上がります。

　毛利家の発展は、今でいう「M＆A」の繰り返しで近隣の諸豪族を吸収して進められました。中小企業が複数のM＆Aを通じて地方有数の大企業になったという、経営のお手本のような話です。その優れた智謀と家臣から慕われた人柄で、元就は戦国時代最高の知将と評されています。

西　暦	内　　　容
1497年	安芸の国人・毛利弘元の次男として出生。
1523年	毛利氏の家督を継ぐ。
1544年	強力な水軍を持つ竹原小早川氏に三男徳寿丸（後の小早川隆景）を養子として送り込む。
1547年	亡き妻の実家である吉川氏に次男元春を養子として送り込む。
1555年	厳島の戦で、大内氏の陶晴賢を破る。陶晴賢はこの戦で自害、総大将を失った陶・大内氏は急速に弱体化していき、有力武将達も次々と毛利の傘下に入る事を決めた。この結果、毛利元就が長門・周防などの領地を手中に収め勢力を大きく拡大させた。
1566年	月山富田城攻めで尼子義久を降伏させた。
1571年	75歳で死去。（病死若しくは老衰）毛利元就の跡継ぎには、長男・隆元の息子・輝元が選ばれた。

◆三本の矢はバラバラだった？

　毛利家の主戦力は「毛利本家」、次男が養子に入った「吉川家」、三男が養子に入った「小早川家」の三家です。後世まで毛利家を支えた「毛利両川体制」と評されるもので、この三家が、いわば「三本の矢」のように結束したからこそ、強い毛利が成り立ったといわれます。

　しかし筆者の個人的な見解では、この三家は初めから必ずしもうまくいっていたわけではないと考えています。もしこの三家が初めから結束していれば、あえて元就が「三本の矢」の話をする必要はないわけです。おそらく元就は、今でいう先代経営者として、後継者である長男隆元を中心に兄弟全員が結束するように言い続け、それが後世にまとめられたのではないかと考えます。

　例えば3兄弟の一人、小早川隆景は、1533年に元就の三男として生まれていますが、1年後に織田信長、4年後には豊臣秀吉、9年後には徳川家康が生まれていることから、彼自身もまた天下統一を目指してよい時代に生きたことになります。しかしそこをあえて、戦国時代という激動の時代を生きるため、父・元就が彼ら兄弟に与えた教訓が、後世に残る「三矢の訓」ではなかったのではないでしょうか。

　『三子教訓状』では、毛利家を継いだ隆元を中心に、吉川家を継いだ元春、そして小早川家を継いだ隆景が両翼を担う「毛利両川体制」の構築を促し、結果として息子たちは血縁を軸とした強固な協力体制を作り上げました。このことは現代の事業承継においても教訓として色あせるものではありません。

◆存亡の危機を乗り越え近代日本の原動力に

　1577年以降、織田信長が羽柴秀吉に命じて行った山陽道・山陰道に対する進攻戦（世にいう中国攻め）は毛利家にとって危急存亡の時であり、戦は足かけ6年にも及びましたが信長が本能寺の変にて横死したため講和で終わりました。秀吉が甥に毛利家を乗っ取らせんとした企ても、小早川家がいち早く養子（後の小早川秀秋）とすることで守ったといわれています。また関ケ原の戦いに敗れ、8か国あった領地を2か国に減らされた時も、「三本の矢」の教えを胸に三家が結束して本家を盛り立て、一族の滅亡を防ぎました。結局毛利家は力を蓄えな

がら江戸時代を生き抜き、そして明治維新における日本の原動力になったのです。

> ## 実務上の留意点

1　事業承継の成功には「三本の矢」の教えが大切

　兄弟同士は幼い頃に競い合うことが通常です。成長してからも中々うまくいかないもので、戦国時代では兄が弟を殺すことは信長や伊達政宗の例など多く見受けられます。だからこそ逆に結束することが重要だといえるのではないでしょうか。

　事業承継においては、事業価値の源泉が次の世代でもき損しないよう、厳しい経営環境の変化に適合させることが重要です。「三本の矢」は現代の事業承継にも通じるバイブルなのではないでしょうか。

2　後継者と経営者が協力し合い事業を行う方針を、早めのうちから後継者候補へ認識させること

　事業承継の成功には、経営者と後継者のコミュニケーションが必要不可欠です。現経営と経営者がお互いに理解を深め、経営課題を「見える化」しましょう。

　会社の事業価値を高めるために自社の強みをさらに強化し、自社の弱みを補強することが大切です。

【6】　障害はすべて排除せよ！承継にかける家康の執念

　夏目漱石の『草枕』の有名な一文にこんなものがあります。

　「智に働けば角が立つ。情に棹させば流される。意地を通せば窮屈だ。とかくに人の世は住みにくい。住みにくさが高じると、安い所へ引っ越したくなる。どこへ越しても住みにくいと悟った時、詩が生れて、画が出来る。人の世を作ったものは神でもなければ鬼でもない。やはり向う三軒両隣にちらちらするただの人である。ただの人が作った人の世が住みにくいからとて、越す国はあるまい。あれば人でなしの国へ行くばかりだ。人でなしの国は人の世よりもなお住みにくかろう」

　筆者は、かの徳川家康に対する"悪評"を聞くたびに、理性と情のバランスを上手くとることは難しいものだなと思い、上記の一節を思い出します。戦国最大の事業承継を成功させた徳川家康ですが、ライバルである豊臣秀吉が死んで以降の陰湿ともいえる「豊臣いじめ」についてはあまり支持する方はいないのではないでしょうか。

　本項目では、織田家や豊臣家の失敗を活かして、早い段階での後継者決定と環境整備に尽力した徳川家康の事業承継について検討します。

◆承継の障害はなんとしても排除する

　家康といえば1600年の関ヶ原の戦いで勝利し、その後約300年間も続く江戸幕府を築いた人物です。その性格は我慢強く、積極的に領地

を拡大するというよりはじっと機会をうかがって耐え忍ぶタイプでした。家康が実行した大坂冬の陣や夏の陣を通した豊臣家に対する排除策は歴史上もっとも陰湿な策謀といわれ、後世からは「家康による陰湿ないじめ」とまで評されています。

　しかし家康のこの策謀により豊臣家は完全に滅亡し、名実ともに徳川家の天下となりました。事業承継の観点からみると、徳川家康の計画と実行性は非常に秀でたものだといえるでしょう。

◆時間をかけて進めた冷徹な承継手法

　関ヶ原の戦いの後、家康は三男・秀忠を後継者として周囲に宣言し、事業承継の障害となる豊臣家や六男・忠輝を徹底的に排除しました。後世にどんな悪名高い風評が立とうとも、秀忠の事業承継のためにするべきことを断行していったのです。父親の老醜といわれるかもしれませんが、筆者はここに、長きにわたる一族の繁栄へ向けた事業承継に対する家康の執念を感じます。

【徳川家康の主な年表】

1543年	松平家（松平広忠）の嫡男として、三河（岡崎）に生まれる。
1547年（4歳）	身内の裏切りにより、織田家の人質となる。
1549年（6歳）	織田家と今川家の人質交換により、今川家の人質となる。
1560年（16歳）	桶狭間の戦い。今川方の武将として参戦。今川義元の死後、独立して岡崎に帰国する。
1562年（20歳）	清州同盟（織田信長と同盟）を結ぶ。
1570年（26歳）	姉川の戦い。織田信長と連合して浅井長政・朝倉義景連合軍との戦いに勝利する。
1572年（28歳）	三方ヶ原の戦い。武田信玄と戦うも惨敗する。

1575年（31歳）	長篠の戦い。織田信長と連合して武田勝頼との戦いに勝利する。
1582年（38歳）	本能寺の変。織田信長が死亡する。
1584年（40歳）	小牧・長久手の戦い。織田信雄と組んで羽柴秀吉と戦う。
1586年（42歳）	豊臣秀吉に臣従する。
1590年（46歳）	北条小田原攻め。この後、豊臣秀吉の命で本拠地を江戸に移し、江戸城主となる。
1600年（57歳）	関ヶ原の戦い。石田三成率いる西軍と戦い、勝利する。
1603年（60歳）	征夷大将軍に任命されて江戸に幕府を開く。
1605年（62歳）	三男・秀忠に将軍職を譲る。
1614年（71歳）	大坂冬の陣。大坂城の豊臣軍を攻めるが、和平を結び終結する。
1615年（72歳）	大坂夏の陣。秀頼と淀君が自害し、豊臣家が滅亡する。
1616年（73歳）	鯛の天ぷらに当たって死亡する。
（注）1月生まれのため、年齢記載には若干のずれがあります。

実務上の留意点

　家康の事業承継の方針は、親族内承継かつ、嫡子相続を確立させた点が特徴です。その中でも彼の後継者教育からは、現代の事業承継においても参考になる点が多くあります。

1　後継者に自信をつけさせること

　家康は征夷大将軍になって、たったの2年でその座を後継者の秀忠に譲りました。自分は大御所として睨みをきかせつつ、秀忠にリーダー経験を積ませていったのです。これは後継者に自信をつけさせ、経

営者としての自覚を認識させるためです。

　現代に置き換えると、後継者を代表取締役社長にして、自分は代表取締役会長に退いて後継者をサポートする体制と似ています。

2　優秀な補佐役をつけること

　後継者におかしな取り巻きを作らせないため、自分の懐刀といわれる本多正信を後継者の秀忠に補佐役として付けました。さらに正信の長男・正純を自分の側近にして、後継者との意思疎通を図りました。事業承継では、事業を存続させることが第一義的な課題ですが、そのためには後継者に対しても相当の配慮を払う必要があります。後継者の能力や周囲の環境を冷静に分析して事業承継計画を策定し、後継者への承継がスムーズにいくように、自分が悪役になってでも実行する決断力も経営者に求められる資質といえるでしょう。

3　事業承継の障害はあらかじめ排除すること

　家康は "争族" の原因となるものを徹底的に排除しました。現代においても遺言などの手法を活用して "争族" の種をなくすことが重要です。

第２章　経営上の課題とその対応策
＜第２章のポイント＞

経営上の課題とその対応策をまとめると次のようになります。

経営上の課題	経営者と後継者の意識のズレの解消 利害関係者の理解と協力 事業承継の合意内容の文書化

- ・経営者に求められる意識改革
- ・後継者に求められる資質
- ・経営者と後継者の意識のズレの解消
- ・利害関係者の理解と協力
- ・「事業承継合意書」の作成

　経営上の課題においては、先代経営者の経営力やカリスマ性など、数値で明示できないものが中心となります。そして、経営者、後継者、企業を取り巻く利害関係者、経営者を取り巻く推定相続人など、人間関係の調整が重要な課題になります。

　特に、少子化による後継者不足の影響で、後継者の地位が相対的に強くなり、経営者と後継者との意見衝突も多く見受けられるようになりました。また、民法の均分相続により、後継者とその兄弟姉妹との関係も利害関係が必要になってきております。

　専門家の中には、本来このような人間関係の調整は業務の範囲ではないという意見もありますが、事業承継においてはこの経営上の課題が非常に重要なものとなります。

1　事業承継における合意事項の文書化

　事業承継の取決めは、口頭でしてはいけません。社長交代のルール作り、社長交代後の先代経営者の処遇、後継者に託すべき課題等につ

いて、経営者と後継者とがきちんと話し合い、合意事項について必ず
文書化しておくことが大切です。

事業承継における主な合意事項としては次のようなものがあります。

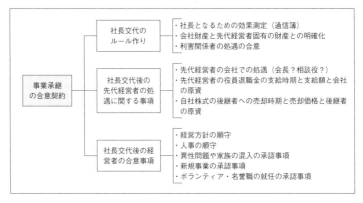

　合意事項は具体的に記入しましょう。また、曖昧な表現や「はず
だ」・「見込みだ」を排除して作成してください。できれば、事業承継
を支援する方（顧問税理士）が立会人になるとよいでしょう。

2　事業承継合意事項のうち、「後継者の誓約書」の例示

　後継者がいつまでも経営者の意思どおりに動くことは難しいと思い
ます。もしも、事業承継後の後継者の行動が心配な場合は、後継者を
社長にしてから5年間程度、先代経営者が禁止する事項を守るという
「誓約」を後継者にしてもらうとよいでしょう。

　この場合も、口頭での約束ではなく「誓約書」として文書で残しておくことをお勧めします。

誓約書

株式会社　お茶目工業
代表取締役会長　お茶目太郎　様

　私は、この度、株式会社お茶目工業の代表取締役に就任するにあたり、就任後5年間は下記の事項を遵守することを誓います。

記

1. 重要な経営課題について、お茶目太郎様と意見不一致の場合には、お茶目太郎様の意見に従う。
2. 役員や幹部社員の人事の異動については、必ずお茶目太郎様の承認を必要とする。
3. 社内において、異性問題、セクハラ、パワハラ等の行為は行わない。
4. 本業に直接関係のない重要な投資活動については、お茶目太郎様の承認を必要とする。
5. 本業に直接関係のない名誉職やボランティアへの参加はお茶目太郎様の承認を必要とする。

　もし、5年以内に上記の遵守事項に違反した場合には、速やかに株式会社お茶目工業の代表取締役を辞任することを誓います。

令和〇年〇月〇日

住　所　東京都〇〇区〇番〇号
氏　名　〇〇　〇〇　　　　印

（立会人）
住　所　東京都〇〇区〇番〇号
氏　名　〇〇　〇〇　　　　印

（出典：城所会計事務所「事業承継誓約書」より抜粋）

第1　経営者に求められる意識改革

＜第２章第１のポイント＞

1　「後継者から見た迷惑な親父」ランキング

　事業承継において、経営者は中心的存在ですが、後継者からみると理想的な経営者（特に親子の場合の「親」）は少ないようです。

　筆者が開催している後継者セミナーにおいても、よく耳にする「事業承継上の迷惑な父親像」は日常の親子関係とはかけ離れていて驚くような内容ばかりです。後継者セミナーでよく聞く迷惑な親父を列挙すると次のようになります。

【後継者から見た「迷惑な親」】

【1位】なかなか譲らない親

　健康かつ元気で、仕事大好きで、いつも頑張りすぎる経営者は、日本の中小企業のお手本みたいな立派な方ですが、高齢化により、ある日急に病に倒れた場合、後に残された後継者は困惑してしまいます。事業承継でよく起こるトラブルです。

【2位】過保護で任せられない親

　早くから後継者を社長にすることは良いことですが、「任せきる」ことが出来ず、あれこれと口を出す経営者は、後継者を心配してありがたい面もあるのですが、後継者から見ると「任せてくれない」という不満が増大します。

【3位】権威主義的な親

　まるで猿山のボス猿みたいに、自分中心に会社が回らないと気が済まない経営者が、後継者に対して「おまえはなにもわかっていない。なにをやっても駄目だ」と頭から否定するようになります。

【番外】社員にとても優しい親

　従業員に対して優しく接して仏様のように慕われている経営者について、事業を承継した後継者は他の会社幹部からすべての面で先代と比較され、非常に辛い思いをします。

2　事業承継における「経営者」の着眼点

　事業承継の課題を解消するためには、まず初めに経営者自身の現状を正確に把握する必要があります。次のような項目について、経営者自身の現状を把握してください。

---

① 　経営者が所有している自社株式の数と会社の株主構成

　　日本の中小企業では、経営者自身が大株主であることが多く見受けられます。そのため中小企業の大多数の事業承継対策は、経営者自身が保有している自社株式をいかに円滑に後継者へ移行することが最重要課題といってもあながち過言ではありません。

② 　経営者が所有している土地・建物等の状況

　　中小企業においては、経営者の所有する土地・建物等を会社が賃貸借する場合や、経営者所有の土地の上に会社が建物を建築し、無償返還の届出書を提出しているケースも見受けられます。

　　そのため、経営者所有の土地・建物の状況を正確に把握することは事業承継対策を検討するうえで重要な事項になります。

③ 　経営者が負っている負債の有無や内容

　　中小企業の経営者のなかには、会社からの借入れによりゴルフ会員権や絵画などを購入するケースも見受けられます。このようなケースに当てはまる場合、事業承継時に精算する必要があります。

④ 　経営者が行っている担保提供又は個人保証の有無や内容

　　中小企業においては、会社の資金借入れ時に、経営者が自宅などの個人資産を担保に提供したり、個人保証を行ったりする例が見受けられます。このようなケースに当てはまる場合、事業承継時、特に親族外承継においては、解消されるように努めなければなりません。

【7】　自社株式を譲りたくない経営者の思惑とは

事案の概要

　経営者は事業承継を一つの経営課題として準備しておかないと、スムーズに承継が行われず、事業が不安定になったり、最悪の場合、事業の継続が困難となったりしてしまう危険性があります。しかし現実に第一線で働く経営者はなかなか後継者に事業を譲る決断ができないものです。

　「息子がまだ社長の器に育っていないので譲りたくても譲れない」とか「古参の幹部職員が反対している」とか、さまざまな理由をつけて準備を怠ってしまうケースも少なくありません。本項目では、経営者がいつまでも経営権（自社の株式）を握り、後継者へ譲ろうとしなかったトラブル事例を検討します。

◆K社戦略セミナーでのできごと

　中小企業を対象としたセミナーで講師を務めたときのことでした。

　前日からホテルに入ってセミナーの準備をしていると、急に主催者から連絡があり、参加企業であるS社の経営者の奥さん（B子さん）が事前にどうしても会ってお願いしたいことがあると伝えられました。さっそくお会いしてみると、明日のセミナーに参加するご主人のA社長と息子のC専務が、自社株式をめぐっていさかいを起こしているというのです。B子さんは夫と息子の板挟みで夜も寝られないくらい悩んでいるとのことで、なんとかこの機会にA社長とC専務の間を取りもってくれないかというのが筆者に対する依頼でした。

　B子さんから話を聞き、現状分析をした結果、次のような事情が判明しました。

- ・S社の財務内容は非常に優良で、株式評価額もかなり高水準であること
- ・自社株式のうちA社長が95％を保有し、残りの5％は妻であるB子さんが保有しているため、後継者であるC専務は株式を保有していないこと
- ・C専務は他社が事業承継で多額の相続税を支払ったという話を最近耳にし、自分が株式を持たない現状にかなり不安を感じているが、A社長は事業承継・相続税対策の重要性は認識しつつも実行を先送りしていること
- ・A社長が自社株式を譲らない理由は、C専務が株式を譲ると自分の経営方針に口を挟み、生意気になる危険性があるという懸念を持っていること

◆アドバイスとその後の経緯

　S社の現状と抱えている課題を踏まえて、筆者はその後直接お会いしたA社長に、次のようなアドバイスを行いました。

---

① 自社株式の評価額だけで数億円にも及び、このまま放置すると社長が亡くなったとき、約2億円の相続税を支払う必要があり、会社の存続も危ぶまれる

② 将来C専務は自分ですべてを判断しなければならない日がくるのだから、本人の自覚を促すためにも自社株式をある程度持たせることはプラスになる

③ 今からでも遅くないからC専務へ自社株式を毎年計画的に移転させるべきである

　結局その日の面談では結論が出ず、その後何回かA社長に請われてS社を訪問した結果、事業承継計画の作成をお手伝いすることになりました。A社長とB子さん、C専務、S社の顧問のD税理士と具体的な打合せを行い、かなり白熱した議論を行った結果、ようやく次のような事業承継の基本方針を決めることができました。

【事業承継の基本方針】
①　関係者の理解
　　A社長が当面会社を経営するが、6年目をめどに会長に退き、C専務を社長にする。また、そのことを親族、会社役員、取引先、金融機関に告知する
②　後継者支援
　　C専務に現場だけでなく、営業や本社経理などの各部門をローテーションさせて、仕事を覚えさせるとともに人脈を構築する
③　株式・財産の分配
　　7年間かけて自社株式の贈与を行う。毎決算後、D税理士に自社株価評価額を算出してもらい、ある程度の贈与税を支払いながらA社長からC専務へ自社株式を贈与していく。A社長が8年目に非常勤の相談役となったときには役員退職金を会社から支払い、その時点で相続時精算課税制度を使って、残るS社株式をC専務に贈与する
④　その他の事項
　　1年以内にD税理士にC専務の相続税負担見込額を算出してもらい、それを基に今後10年間の事業承継計画表を作成する。その後、公正証書遺言を作成する。また納税資金の準備のため、C専務に適正な役員給与（報酬と賞与）を支給する

　A社長に「拒否権付種類株式（黄金株）」の発行を提案したところ、A社長は「教えていただいた黄金株を使って、事業承継計画を前倒しして引退する決心がつきそうです。D税理士とも相談してみます」と声を弾ませて答えてくれました。

実務上の留意点

1　経営者は事業承継において次のことを配慮すること
・円滑な経営権と支配権の承継を計画する
・後継者に能力向上の機会を与える
・社内外の関係者に後継者を認知させる
・適齢期に承継する
・承継後の関与の度合いを検討する

2　事業承継を円滑にするために、事業承継コンサルタントが介入することが必須
　事業承継に関するアドバイスやサポート、事業承継に関する手続や交渉などを専門家に任せることで、より円滑な事業承継が可能となります。

3　後継者教育は重要事項
　事業承継では後継者が安定的に経営していくために後継者に自社株式や事業用資産を集中的に承継させることは大切です。しかし最も重要なことは、自社の各分野でのローテーションにより責任ある地位に就かせることや、他社勤務などを通じて幅広い人脈を作るなど、後継者教育をしっかりと行うことです。

【8】　血を分けた子孫に会社を継いでほしい！亡き経営者の望みを叶える承継とは

事業を譲る側（経営者）から事業を受け継ぐ側（後継者）へのバトンタッチをひとくくりに「事業承継」とはいうものの、そのあり方は個々の企業によって異なるものです。それぞれ個別の事情があり、必ずしも教科書どおりいくようなものではありません。地方によっては家父長制の考え方が色濃く残っているところもあり、事業は絶対に男子に継がせたいという想いをお持ちの経営者も少なからず存在します。

本項目では後継者の突然の死により娘婿が会社を引き継いだものの、どうしても直系の男子に継がせたいという先代の想いを叶えようとした事例を検討します。

◆後継者の息子が急逝　ピンチヒッターは…？

K社は九州にある中堅建設会社です。事業は代々の長男が継ぎ、先代のA氏も長男のB男さんを後継者として事業を承継しました。

ところが、経営を引き継いで間もないB男さんが病で夭逝するという事態が発生しました。B男さんには息子がいましたが幼く、事業を継げる状態でなかったため、A氏の長女

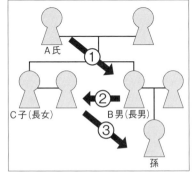

【本事例における事業承継の順番】

であり亡くなったB男さんの姉・C子さんのご主人を急きょ社長に据

え、事業を継いでゆくことになりました。

　そこから年月は経ち、Ａ氏も臨終の時を迎えます。いまわの際でＡ氏は、Ｃ子さんに「血を分けた男子であるＢ男に事業を託したかった。残念だ」という言葉を残したといいます。そこで、Ｃ子さんが筆者の事務所を訪ねてきたのです。

　彼女からの相談内容は次のとおりでした。

　「会社は順調に業績を上げ、数年前には弟Ｂ男の息子も当社に就職して働いています。そこで、私としては『直系の男子に事業を継がせかった』という父の遺志を、孫であるＢ男の息子に事業承継することで叶えてあげたいと考えています。現社長の主人に相談したところ、『それでいい』との了解も取れました。今後どのような点に注意して、Ｂ男の息子に事業を継がせていけばいいのでしょうか」と。

◆事業運営に必要な経営権と支配権

　Ｃ子さんの希望を実現するためには、まず様々な事実確認をしておく必要があります。ヒアリングの結果、次のようなことが分かりました。

①　会社の経営権

　会社の経営の舵を取っているのは、「①Ａ氏→②Ｂ男さん→③Ｃ子さんのご主人」というのが今までの流れです。経営については、現社長であるＣ子さんのご主人が、次の社長であるＢ男さんの息子に対してしっかり後継者教育を行い、立派な経営者に育てて承継することで解決すると思います。

②　会社の支配権

　会社の支配権は少し複雑でした。Ａ氏はＢ男さんへの事業承継時において、まだかなりの会社の自社株式を保有し、Ｂ男さんが引き継いだ株式は少数でした。その後にＡ氏の相続が発生し、Ａ氏が持ってい

た自社株式は長女のC子さんが大部分を相続して会社の大株主となり、会社の代表取締役社長はC子さんのご主人という、いわば「所有と経営の分離」というねじれた状況になっていたのです。C子さんとしては自身の持つ自社株式を、できれば無償で弟の子供に譲りたいと考えていますが、弟の子供に株式を無償で譲るとなれば、かなり多額の贈与税（相法21～21の8）の負担が生ずることになります。

◆事業承継税制（特例措置）を活用

そこで筆者は、2018年に創設された「事業承継税制（特例措置）（措法70の7の5・70の7の6)」の活用を提案しました。制度を使う上での基本的な要件はクリアしていることを確認した上で、次のような手続を説明しました。

---

① 「特例承継計画」を作成し本店所在地の都道府県知事へ確認申請して「確認書」をもらう
② C子さんからB男さんの息子に贈与を行うと同時に、都道府県知事に認定申請し「認定書」をもらう
③ 贈与税の申告時に「認定書」を添付して「納税猶予及び免除の特例措置」の手続を行う

ただしこのやり方には、無視できない課題があります。それは、B男さんの息子が経営者としての資質を持てるだけの後継者教育を受ける期間があるかということです。なぜなら、この特例措置は期間の定めがある時限立法なのです。①の「特例承継計画」の提出は、2023年3月31日までに行わなければなりません。また②の「贈与」は、2027年12月31日までに行わなければなりません。

経営者としての資質や後継者教育といった「経営の承継」は承継を

成功させるための重要なテーマですので、税負担の問題とは別に、しっかりと考えた計画を立てる必要があります。

実務上の留意点

1 事業承継の対策は原則として後戻りできないので、基本方針をよく確認してから実行すること

話を聞いてみると、C子さんにもお子さんがいらっしゃるとのことでしたので、筆者は何度も「自分の子どもに会社を継がせなくてよいのですか」と確認しました。しかしC子さんは頑なに、父の遺志のとおりにしたいと主張しました。その地域には代々直系の嫡子が事業を承継するという伝統があるそうです。B男さんが元気であれば、次の社長は当然彼の息子になったでしょう。ですから、予期せぬアクシデントが起きて自分の夫が社長に就いたとしても、自分の目の黒いうちに元の直系に事業を取り戻したいというのでした。父の遺志を尊重し、一族全体のことを考える彼女の強い意志に筆者は感動しつつ、「C子さんの想いが、しっかりとB男さんの息子に伝わってほしい」と願いました。

2 後継者候補は広く適正を考慮して選定すること

本項目のケースでは血族に適正な後継者がいたため、親族内承継が可能となりました。しかしながら、後継者候補をはじめから血族に絞ると後継者の範囲が限定される結果となります。本来は後継者の必要な要素を満たしているかを考慮して選択を行うことが円滑な事業承継にとって大切です。

第2　後継者に求められる資質
＜第2章第2のポイント＞

1　後継者候補選定の重要性

　事業承継において最も重要な事項は後継者候補の選定です。後継者候補の現状を正確に把握するためには次の点に留意する必要があります。

①　親族内（子供など）での後継者候補の有無
②　親族外、特に社内での後継者候補の有無
③　取引先での後継者候補の有無
④　後継者候補の能力及び適正・資質などの判断
⑤　後継者候補の年齢、経歴、経営に対する意欲

　事業承継における課題の解決をどのように行うべきかで対応が異なりますので、上記の現状を正確に把握することが大切です。

2　後継者によくある問題点

　経営者から見た後継者によくある問題点の第1位は、「経営者としての資質に問題がある」という点です。このため「早く社長の座を譲りたいのですが譲れない」と悩む経営者も多いと聞きます。

【第1位】経営者としての資質に問題がある
【第2位】社内・社外の利害関係者から「拒否反応」
【第3位】親族（特に家族）の理解や支持を受けられていない
【番外編】会社債務の個人保証に対して拒絶している

3 経営者からのよくあるQ&A

（質問）
後継者をいつ社長にするか悩んでます！
事業承継計画で〇年後に後継者を社長にすると決めても、後継者に「社長の資質」がなければ「社長の座」は譲れません。
後継者を社長にするタイミングをどのように考えたらよいのでしょうか？

（回答）
・事業承継計画で後継者を社長にする期日は、あくまでも「目途」です。
・後継者を社長にする決断はご自分で納得して行ってください。
・一つの方法ですが、毎年、後継者に「社長になるための通信簿」を付けて、それが合格点に達した時点で社長の座を譲るというのはいかがでしょうか。

後継者に対する社長考課表　　　　　　（〇年〇月〇日現在）

評価	経営者に必要な資質に関する評価内容	1	2	3	4	5
①	経営者としてやっていく覚悟					
②	経営の激務に耐えられる精神力					
③	経営の激務に耐えられる身体の健康					
④	自分への厳しさ					
⑤	経営者としての見識、判断力、実行力					
⑥	自社事業に関する理解、専門的な知識					
⑦	自社事業の経験					
⑧	得意先、仕入先、金融機関等との信頼度					
⑨	他の相続人の支持、社員からの慕われ度					
⑩	公私混同の有無、理性をもった信賞必罰					

（出典：城所会計事務所「後継者候補の考課表」より抜粋）

4 効果的な後継者教育

　東京商工会議所の「事業承継の取り組みと課題に関する実態アンケート報告書（2021年2月）」によると、後継者教育の実施状況として次

の事項が挙げられています。

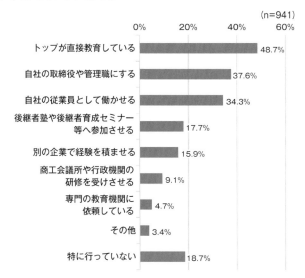

（出典：東京商工会議所「事業承継の取り組みと課題に関する実態アンケート報告書（2021年2月）」）

【9】　継ぐの？それとも継がないの？息子の心変わり
　　　が生んだ会社分裂の危機

事案の概要

　事業承継は、いかに経営者が後継者に事業を継がせたいと願っても、後継者にその気持ちがなければ成り立ちません。また後継者がいかに事業を受け継ぎたいと思っていても、経営者にその気がなければ事業承継は成り立ちません。「事業を譲る側」（経営者）と「事業を受け継ぐ側」（後継者）の双方の、いわば「あうんの呼吸」ともいえる「合意」が絶対に必要なのです。

　本項目では、経営者と後継者の「呼吸」が合わなかったがために、会社が大混乱に陥り、分裂してしまった事例を検討します。

◆当初は双方が納得ずくだったが…

　ある会社を立ち上げて成長させた創業経営者Ａ社長は、妻のＢと息子Ｃの3人家族です。

　Ａ社長は自分が現役でいる間に、会社を息子Ｃに継がせるつもりでいました。息子Ｃもまた、当初は親の事業を継ぐつもりでいました。ところが息子Ｃは大学を卒業し、修行のつもりで大手の会社に就職してから、徐々に気持ちが変わり始めたのです。父親の会社以外のところで自分の力を試したいという気持ちが高まり、とうとう就職して3年が経ったとき、父親のＡ社長にはっきりと「事業を継がない」と告げたのです。

　息子Ｃが会社を継いでくれるとばかり思っていたＡ社長は、それ以外の後継者の準備など全くしていませんでした。そのため、息子Ｃが承継を拒否してきた時には、一度は廃業を考えました。しかし従業員

やその家族のことを考えて思い直し、改めて後継者を探した結果、志を共有する従業員Kを後継者とすることに決め、説得の結果、本人にも後継者となることを納得してもらいました。

◆6年経って二度目の翻意！？

その後、A社長と後継者である従業員Kは協力して会社の業容を拡大し、円滑な事業承継計画を実行していきました。ところが6年後、大手の会社に勤めていた息子Cが、急にA社長に対して「やっぱり事業を継がせてほしい」と言い出したのです。

客観的に見れば、その時すでに従業員Kは社内でも社外からも後継者（今は専務取締役）として認知されており、さらに会社の株式を30％強も所有している状態でした。

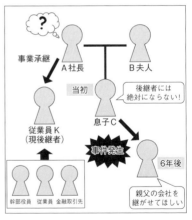

普通に考えれば、後継者の座を一度蹴った息子Cを会社が受け入れる理由はありません。しかしA社長の心は揺れました。彼にとってはどこかでやっぱり息子に継いでほしい気持ちがあったのでしょう。またA社長の背中を押すように、B夫人も「長男Cに継がせてやってほしい」と強く懇願してきたのです。家族としては気持ちが揺れてしまうのもやむを得ないことではありました。

◆必死の説得に社長の気持ちは…

その会社に、顧問の公認会計士として携わっていたのが筆者です。筆者はA社長に次のように強く言いました。

「社長、事業承継計画における後継者の変更は、承継の成否を揺る

がす重大事です。御社はすでにKさんを後継者として、会社全体で6年間承継計画を進めてきています。今になって後継者を変更することは不可能です！」さらに大事なことがあります。「もしここで後継者を息子Cさんに変えれば、A社長に説得されて今まで後継者として頑張ってきたKさんの立場はどうなりますか。取引先や金融機関、従業員たちにもすでにKさんが後継者と告知しています。彼らもまた、後継者をここに来て変える御社のことをどう思うでしょうか。後継者の変更はすべきではありません」と。

　しかし筆者の進言後もA社長は家族側の要求と会社側の意見の板挟みになって後継者を決めきれず、結果として会社は大混乱に陥り、最終的には会社を息子Cと従業員Kとの間で分割することになってしまいました。

顧問公認会計士の意見	経営者と妻の意見
・事業承継計画における後継者の変更は承継の可否を揺るがす重大事であり、すでに従業員Kを後継者に決め、社内で6年間も事業承継計画を進めている ・後継者として励んできた従業員Kや取引先や金融機関、他の従業員らの不信感をどうするか ・今になって心変わりしたルール違反な長男Cの申出にはきっぱりと拒否すべきである	・やはり息子Cが可愛い ・血を分けた子供に事業を継がせてあげたい

実務上の留意点

1　事業承継において過度な「家族愛」はNG

　中国の故事にある「泣いて馬謖を斬る」ではありませんが、経営という重大な判断に私情を挟みすぎることは、会社全体にとって取り返しのつかない危機をもたらすことになります。

　本項目での悲劇の原因は、二度も心変わりをした息子Cに責任があることはいうまでもありませんが、息子のお願いに心が揺れて会社の決定を覆しそうになったA社長の優柔不断さが、結果として分社という結末を招いてしまいました。

2　後継者の決定には時間をかけて、決定後はブレないこと

　本項目のケースで、身勝手な息子Cの行動を責めるのは簡単ですが、付け加えるならば、後継者の決定については、もう少し将来を見据えてじっくり行うべきだったかもしれません。事業承継を一度拒否したとはいえ、息子Cはまだ若く、時間も十分にありました。

　先代経営者であるA社長は、もしもの時に備えて従業員Kにも後継者候補としての教育を施しつつ、自分の本心や想いを息子Cに時間をかけて伝えるとともに、息子Cからも思いを聞き出し、継続的に事業承継に関する対話をしておくべきだったということでしょう。結果論ではありますが、そうしておけば、また別の結末があったのではないかと思います。

　後継者候補が複数存在する場合、次のような適正チェックリストを作成して、経営者の判断資料にしましょう。

　各チェック項目において、後継者ごとに評価を行いましょう。適正チェックリストを作成することで、客観的に後継者を比較することができます。

【後継者候補の適性チェックリストの例】

	チェック項目	A氏	B氏
1	経営者としてやっていく覚悟はどちらが強いか	◎	◎
2	経営者としての激務に耐えられる健康はどちらがあるか	△	○
3	物事を合理的に組み立てて考えられる力（ありのままに現実、状況を見て、原因、本質を探り、対応策を考えようとする能力）はどちらが優れているか	?	?
4	環境の激変に対して柔軟な姿勢を保てるのはどちらか	○	?
5	自社事業に関する理解、知見、専門性はどちらが優れているか	△	○
6	自社事業の経験はどちらがあるか	◎	△
7	リーダーシップ力はどちらが優れているか	△	?

【10】　「仏」の会長と「鬼」の社長！後継者に求められる適性とは

事案の概要

　誰を後継者にするべきか、その後継者をどのように育てていくべきかなど、事業承継を考える経営者の悩みは尽きません。特に、自分の子に事業を継がせてやりたいという親としての感情と、わが子に後継者としての器があるか、社長としてやっていけるかという経営者としての判断は必ずしも一致しないものです。わが子に立派な経営者になってもらうためには後継者としての育て方も重要になってくるわけですが、この時も「後継者の経営者としての適格性」に関して悩む経営者が多いようです。

◆古参社員らに募る不満とは

　ある下町の印刷会社のオーナーから次のような相談がありました。70歳になるオーナーはすでに会長職に退き、後継者の息子T氏（45歳）はすでに社長職を受け継いでいるとのことです。ある日、会社の幹部社員たちが会長のところへ大挙して訪れ、「社長が会長の経営方針をどんどん変えていき、社内改革と称してさまざまな規律を作り、規制を行っています。自分たちはとても付いていけません」と不満を伝えられたそうです。

　さらに話を聞いてみると、オーナーである会長は社員から「仏」のようだと慕われている一方、息子である社長は「鬼」のようだと嫌われているとのことでした。そのため会長は、社長をしばらく経営から退かせ、他社に再度修行に出そうと考えているという相談内容でした。

　筆者は会長にこう提案しました。「会長、しばらく結論を待ってい

ただけませんか。事業承継は『企業の心臓移植』のようなもので、う
かつに手を加えることは大きなリスクを伴います。アドバイスをさせ
ていただく以上、実際に私自身の眼と耳でそのT社長を判断したいの
です」。

　数日後、会社を訪問しT社長とお会いしてみると、うすうす面談の
目的が分かっているようで、当初から気まずい雰囲気のものでした。
しかし彼は、少しひねくれ気味にではありますが、筆者の質問事項に
誠実に回答してくれました。

◆後継者の適格性に関する判断基準

　T社長の「後継者としての適格性」を判断するために、筆者は次の
ような事項について検討しました。

1　経営者としてやっていく覚悟

　後継者は、従業員をはじめとする利害関係者に対しての責務（個人
保証も含め）を負い、常に多大なプレッシャーを感じながら経営を行
う覚悟が必要です。

2　経営者としての激務に耐えられる健康

　後継者は「身体の健康」と「心の健康」とをバランスよく保つ必要
があります。多少性格が変わっているぐらいはよいと思いますが、①
神経質すぎる、②ギャンブル好き、③異性関係にだらしない、④浪費
癖がある――などの人は後継者に向きません。

3　物事を合理的に組み立てて考えられる力

　この能力はある程度、経験、訓練、勉強で向上させることができま
す。目端が利くことも大切ですが、損得勘定が一定程度できること、
現実をしっかりと捉えようとするスタンス、問題を解決しようとする
意識、事業に関する前向きな向上心があればよいと思います。

4　柔軟な姿勢

　経営環境は常に変わっていくため、変化や失敗にひるまず、新たな手段や方法を考えていく柔らかい頭と心が必要になります。そのなかでも現実に合わせつつ、自社の本質を忘れずにバランスよく対応していくことが求められます。

5　自社事業に関する専門性と経験

　後継者の知見や専門性を高めるためには、経験を積ませることが大切です。自社事業に関する理解、知見、専門性を身に付けさせる中で経験も積まれていきます。同時に、経験をその後に活かしていく能力も重要でしょう。

6　リーダーシップ

　人の上に立つ者として、人を引っ張っていけるか、動かしていけるかどうかは重要です。リーダーシップの発揮の仕方はその人なりの方法があるので、必ずしも明るい性格で積極的に人をぐいぐいと引っ張っていくようなタイプである必要はありません。

◆経営者のあり方は一つではない

　後日、会長の自宅を訪問し、会長と奥様に筆者の意見を述べました。「会長、Ｔ社長は確かにまだ協調性がなく独善的なところもありますが、会社の事を一生懸命に考えています。会長こそ反省すべきです。私は今回の騒動の責任はむしろ会長の方にあるのではないかと思います」またこうも伝えました。「今のような長い不況下であれば、社内の構造改革は速やかに、聖域なく行われなければなりません。社内の不平不満は、そのような痛みに伴うものではないでしょうか。このような時こそ会長が率先して社長に協力し、むしろ社員の前で悪役となって社長の社内改革を手助けすべきではないでしょうか。会長が社内幹部たちの愚痴を聞くこと自体が社長の権威や経営努力を壊していると

思いませんか。冷静に考えてみると社内意見には甘えがあり、その甘えを許しているのは会長の責任です」。

　筆者の言葉を聞いた会長は非常に不愉快そうな様子で、帰るときも玄関まで送ってくれませんでした。しかし、一週間ぐらいが経過した頃、会長から手紙を頂きました。

　「あなたの話は耳が痛かったが、帰ってから妻と話をしてみて納得できました。妻はあなたにとても感謝していました。今度は自分が『鬼』の役を演じて、息子に『仏』になってもらいます」という内容でした。

実務上の留意点

1　経営者のあり方は十人十色

　経営者のあるべき姿は一つの固定されたパターンではありません。後継者の個性を活かしつつ、教育することが大切です。

2　後継者教育は長期的視野が必要

　後継者は徐々に育ってゆくものです。社内的には、「工場→営業部門→本部管理部門」などと、各部門の業務をローテーションでまわし、外部的には「後継者研修」などを受講させるといった時間をかけた後継者教育が重要です。

第3　経営者と後継者の意識のズレの解消

＜第2章第3のポイント＞

1　経営者と後継者の事業に関する考え方の調整

　事業承継においては、会社の経営理念や基本方針などについて、経営者と後継者との間にギャップがある場合には、ギャップを調整するために十分なコミュニケーションをとることが重要です。

経営者と後継者とのギャップの調整と専門家の役割

---

① 経営者と後継者の将来像のギャップ
② 経営者と後継者の経営方針のギャップ
③ ギャップをどのように解消するか？
④ 経営者と後継者のコミュニケーションの欠如
⑤ 経営者と後継者の「取り巻き」の意識改革の必要性

⬇

コミュニケーションの促進とギャップの調整を行う専門家の役割

2　親子の経営方針のギャップの調整例

①　「会社の強みと弱みの現状分析」の例示

　顧客、仕入先、外注先、製品力等をテーマにして、両者の意見を検討。

両者の意見	会社の強みは何か（S）	会社の弱みは何か（W）
経営者（父）の考え	優良な顧客や仕入先がいる	製品の競争力が落ちてきた
後継者（息子）の考え	頑張っている従業員がいる	機械が古くて生産性が悪い

②　「会社の将来に関する分析」の例示

　市場、業界の動向等をテーマにして、将来における会社のビジネス

チャンスと脅威における両者の意見を検討。

両者の意見	将来のビジネスチャンスは何か（O）	将来脅威となるものは何か（T）
経営者（父）の考え	コツコツと現状維持を図ることが一番無難である	自分（P氏）もベテラン社員も退職する
後継者（息子）の考え	新規の○△事業が有望な市場となる見込みである	他国からの超安値製品が台頭してくる

3　事業価値の考え方

　自社の「事業価値」において、守るべきもの、変えるべきものを明確にしておきましょう。経営者と後継者との間でよく話し合って、認識をすり合わせていくことが大切です。

> **時代・事業環境が変わっても守るべきもの**
> 会社の強み・会社らしさとして将来に
> 残していくものは何か？

> **時代・事業環境の変化の中で**
> **変えていくもの、チャレンジしていくもの**
> これまでの会社の強み・会社らしさを守りつつ、
> 持続可能な会社として、時代や事業環境の変化の中で、
> 変えていくもの、チャレンジしていくものは何か？

4　事業承継後に後継者が新たに取り組んだ内容

　東京商工会議所の「事業承継の実態に関するアンケート調査」によると、事業承継後に後継者が新たに取り組んでいる内容は次の事項です。

	回答数	割合
①新たな販路開拓・取引先拡大	500	52.1%
②新商品・新サービスの開発	309	32.2%
③異業種への参入	87	9.1%
④中期計画等、事業計画の策定	274	28.5%
⑤管理会計の導入等、経営の見える化	220	22.9%
⑥ビジョン、ミッション、経営理念等の明確化	314	32.7%
⑦赤字事業からの撤退	129	13.4%
⑧先代と異なる取組は行っていない	143	14.9%
⑨その他	30	3.1%
n数	960	
無回答	221	

（出典：東京商工会議所「事業承継の実態に関するアンケート調査」報告書（2018年1月））

【11】　親子が経営方針で対立！隠された真の理由とは

事案の概要

　事業承継に関するトラブルの中で最も多いのは「経営者と後継者の対立」です。近年マスメディアなどで大きく取り上げられた大手家具メーカーでもそうでしたが、経営者も後継者もなまじ事業経営を真剣に考えているだけに、ひとたび意見が対立すると妥協が難しくなり、なかなか解決への糸口が見えづらくなります。それどころか問題が深刻化して感情的な対立へと発展し、事業承継そのものを困難にしてしまうような事態に陥ることもあります。

　本項目で検討する相談内容を持ちかけてきたのは、金属加工業を営む会社の後継者である専務取締役のＢ氏です。会社は父（代表取締役社長）が創業し、現在に至ります。Ｂ氏は勤めていた仕事先を10年前に辞め、父親の会社の事業を引き継ぐために入社しました。

　入社したＢ氏は会社の業績が年々悪化していることを知り、このままだとジリ貧になり時代に取り残されると強い危機感を覚えました。そこで事態を打開するため、新鋭機械に設備投資をして稼働率を上げ、新たな顧客の獲得に乗り出す提案を行いましたが、父親に反対され続けているとのことでした。

　筆者の元に来たＢ氏は、「会社に入ってもう10年経つのに、親父は俺のことをいまだに子ども扱いしている。いつになったら自分に会社経営を任せてもらえるのか、どのように親父と向き合って話をしたらよいのか」と途方に暮れた顔で、思い悩む胸の内を明

かしてくれました。

◆断絶した親子のコミュニケーション

筆者はこのトラブルの原因は、新鋭機械への設備投資が経営判断として正しいのか否かというような単純なことではなく、経営者である父から後継者である息子への「経営権の移行」がなされていないことに原因があるように思えました。B氏からじっくり話を聞いてみますと、両者の意見の対立は設備投資にかかわらず日常茶飯事となっており、私生活でもお互いに必要最低限度の会話しか交わさない関係になっていることが分かりました。

そのため幹部や社員、他の家族でさえも、2人のいさかいにピリピリと緊張しているようです。

話を聞いて筆者は、まず「親子のコミュニケーションをどのようにしたら復活できるか」、さらには事業承継に向けた建設的な意見交換をするために「意見の対立軸について共通認識を持たせるためには何が必要か」を真剣に検討しました。

◆SWOT分析法で共通認識の確認を

日を改めて訪問した会社で、筆者は2人に対して企業の価値を計る手法の一つである「SWOT分析法」を紹介しました。これは会社の現状における強みと弱み、将来におけるビジネスチャンスや脅威についてテーマごとに整理検討するもので、筆者は親子でテーマごとに自分の意見を出し議論してもらうことで議論の中から両者のコミュニケーションを復活させ、できれば会社経営に対する共通の認識を引き出させようと考えたのです。その結果、次のような内容でした。

① 会社の強みと弱みの現状分析

顧客、仕入先、外注先、製品力などをテーマにして、両者の意見を

検討しました。

・会社の強みは何か（Strength）

　　父の考え⇒優良な顧客や仕入先がいる

　　息子の考え⇒頑張っている従業員がいる

・会社の弱みは何か（Weakness）

　　父の考え⇒製品の競争力が落ちてきた

　　息子の考え⇒機械が古くて生産性が悪い

---

② 会社の将来に関する分析

　市場、業界の動向などをテーマにして、将来における会社のビジネスチャンスと脅威を検討しました。

・将来のビジネスチャンスは何か（Opportunity）

　　父の考え⇒コツコツと現状維持を図ることが一番無難である

　　息子の考え⇒新規の○○事業が有望な市場となる見込みである

・将来脅威となるものは無いか（Threat）

　　父の考え⇒自分やベテラン社員が退職する

　　息子の考え⇒他国からの超安値製品が台頭してくる

実務上の留意点

1　現経営者と後継者との間では経営理念の共有が必要不可欠

　現経営者と後継者が事業について、将来への夢を話し合いながら経営理念を二人三脚で取り組むことが大切です。

　現経営者と後継者はお互いに経営理念を共有し、事業承継における経営課題の解決に向けてコミュニケーションをとることが重要です。

また、現経営者も後継者に「任せる」という心構えを持つことが大切
です。

2　経営者と後継者とのコミュニケーション不足はNG

　親子はお互いに理解し合っているので会話はいらないという考え方
もありますが、親子だからこそ、日ごろから良好なコミュニケーショ
ンを心掛けるべきだと思います。

【12】　老舗の和菓子屋で後継者が孤立！ぶつかり合う「伝統」と「改革」

事案の概要

　事業承継において、従来の会社の経営方針と、後継者の掲げる経営方針の間に生じる相違点を確認することはとても重要です。後継者が独自の新たなアイデアを打ち出して会社の抜本的な改革を図ろうとしがちな一方で、先代経営者や先代を慕ってきた役員と従業員が過去の経験や実績ばかりを重視することが多く、この両者のギャップからトラブルが発生しやすいからです。

　経営方針をめぐって「後継者vs社内の役員や従業員」という構図が生まれ、両者の溝が深まってしまうと、会社の存続に関わるような事態に発展してしまうことも少なくありません。本項目では、老舗企業で経営改革を図った後継者が、経営方針をめぐって社内の役員らと対立し、孤立してしまったという事例を検討します。

◆老舗の和菓子屋、新機軸を打ち出すも…

　知春堂（仮名）は、明治時代から続く老舗の和菓子製造小売業者で、代々親族経営でここまで続いてきました。ヒロミさん（仮名）はその後継者として、社長の役職こそ父親が続けているものの、実質的な経営を2年前にバトンタッチされたばかりです。

　ヒロミさんは、知春堂を全国的に有名な店にしたいという夢を抱いていました。知春堂の主力製品である大福は、客からの人気は高いものの、日持ちせず、1日に製造できる数にも限りがあるため、売上げが一定以上伸びない頭打ちの状態となっていました。そこでヒロミさん

は、大福より日持ちする最中や羊羹の製造販売を新たに始めることを
決め、他の親族役員の反対を押し切って大幅な設備投資を行い、人員
も増員して積極的な販売活動を行いました。

　しかし、ヒロミさんの事業展開は当初の思惑どおりにはいきません。
最中や羊羹は思うほどには売れず、会社の損益は知春堂始まって以来
の赤字に落ち込んでしまったのです。ヒロミさんはいろいろ手を打ち
ましたが効果は薄く、彼女が焦れば焦るほど、父である社長や親族役
員、従業員たちの信頼を失い、徐々に社内での孤立を深めていきまし
た。思い悩んだヒロミさんは、筆者の事務所に経営改善の相談にやっ
て来たのです。

◆「後継者の暴走」と片付けてよいのか

　ヒロミさんが社内で孤立したことに対して、会社の親族役員たちは
「経営を任されたからといってヒロミさんが暴走したために、経営内
容が悪化したのだから当然だ」と考えているでしょう。しかし、果た
して本当に問題はヒロミさんだけにあるのでしょうか。筆者は事態の
経緯や知春堂の経営状況を聞き取るうちに、知春堂が抱える本質的な
問題点として、次の2点が判明しました。

---

① 　明治時代から続く老舗であるために、後継者が行おうとする新
　しい事業展開に、親族役員らが過剰に抵抗感を抱いていること
② 　親族役員が、祖母（会長）、父（社長）、母、叔母2人、従兄弟2
　人、妹1人と、とにかく多く、彼らへの役員給与が知春堂の経営を
　圧迫する過重負担となっていること

　この2点を踏まえ、筆者は改善策を考えてみました。

◆じわじわ迫っていた会社の経営危機

　知春堂のこれまでの財務諸表や経営データを見せてもらい、それを検討した結果、筆者はヒロミさんと同じ結論に達しました。大福だけに特化した知春堂の経営が早晩行き詰まることはデータからも明らかだったのです。それを防ぐため、今のうちから最中や羊羹などの新メニューを示すことは、知春堂が生き残っていくために非常に重要な戦略でした。それと同時に、新商品の売上げを向上させるための、しっかりとした事業計画を再構築することも必要でした。

　また、確かにヒロミさんの事業展開によって経費が膨らんだ結果として知春堂の業績は赤字に落ち込みましたが、そもそも近年は常に収支トントン程度で、どのみち早晩赤字になることは推測できる状態でした。それよりも、この会社が赤字になる根本的な原因は、親族役員の多さから役員給与が過重になっていることです。そのため経営改善に向けた方策として、役員給与の50％カットや、長年にわたって蓄積されてきた役員借入金について債務免除の実行を提案しました。

◆承継を成功させるのは周囲の信頼と協力

　先代や親族役員の方とも話合いを持ち、筆者はそれぞれと次のような話をしました。

①　ヒロミさんの心掛け
　　神輿は一人では担げません。同様に、事業も周囲の協力なくしては成り立ちません。周囲の反対を押し切って経営改革を進めるのでなく、まず彼らの信頼を得ることから心掛ける必要があることを話しました。彼女は、誰よりも熱心かつ地道に働いて、信頼を勝ち得ていくことを約束しました。
②　親族の中の中心的存在である会長（祖母）と社長（父）の理解

会長（祖母）と社長（父）に会い、知春堂の原点となる、さまざまなお話を聞きました。そして会長の「お客様を笑顔にすることを一番大切にしたい」との言葉を、知春堂の経営理念として改めて掲げることを提案し、今後の会社の経営の見直しについても理解を得ることができました。

③　親族の不満の集約と協力の確保

他の親族からは、後継者のヒロミさんに対する不満や希望を率直に語ってもらいました。彼らは、ヒロミさんの行動が単なる独善と暴走に過ぎないと考えていたので、ヒロミさん自身から、自分の考えをきちんと時間をかけて伝えてもらいました。そして、お客様から長く愛されるために、これからどのようなことを行うべきか、じっくりと意見交換をしました。

長い話合いの結果、新規事業展開は今後も継続すること、新製品の売上げが軌道に乗るまでの間、役員全体でヒロミさんをバックアップしていくこと、そのために代表者以下親族役員の給与を現在の半分以下とすることなどが決定しました。また祖母（会長）と父（社長）からの役員借入金は、債務免除するか、資本金へ振り替えることも決まりました。そして今後は月に1回「親族会議」を開き、祖母（会長）と父（社長）のバックアップを受けながら、ヒロミさんから月次決算を親族に報告することになりました。歴史のある老舗企業の事業承継では、かくも後継者は大変なのだということをつくづく痛感した事案でした。

実務上の留意点

1　時代が変わっても変わらない経営理念を共有すること

　後継者は時代や事業理念が変わっても守るべき経営理念を経営者と後継者で共有し、尊重することが大切です。

　後継者は会社の事業における「強み」と会社らしさとして将来に残しておくものは何かを考えてみましょう。

2　後継者は時代や事業環境の変化の中で、あえて変えていくもの、チャレンジしていくものを考えること

　後継者はこれまでの会社の強みや会社らしさを守りつつ、持続可能な事業として、あえて時代や事業環境の変化の中で変えていくもの、チャレンジしていくものを検討することが必要です。

3　事業承継のための仕組みづくりには、その事業を取り巻く利害関係者の協力が必要不可欠

　事業を取り巻く利害関係者も、後継者の改革を盛り立ててサポートすることが大切です。

【13】　もう1度、父と酒を酌み交わしたい！過去の対立と今の想い

　10年ほど前、ある団体から「後継者」を対象とする事業承継セミナーの講演依頼を受けました。開催地は東北地方の有名な温泉地で、セミナー時間は16時〜18時の2時間とたっぷり取ってあり、チラシも立派に作られていました。

　しかし当日会場に着いてみると幹事から突然、2時間のはずだったセミナーの予定時間を75分に短縮することを要求されたのです。当惑しながらも承諾し、75分できっちりセミナーを終えると、幹事は参加者らに「皆さん、急いでください。宴会は18時スタートで時間厳守ですよ」と呼び掛けるではありませんか。筆者はそのアナウンスを聞いて初めて、18時から宴会を始めるために講演時間が短縮されたのだと気付きました。宴会では若い経営者候補たちが大いに羽目を外し、コンパニオンも加わり大賑わいでした。今回の催しの主目的はセミナーでなく宴会にあるということが見え見えで、思わず苦笑いをこぼすしかありませんでした。

◆深夜の温泉で始まった突然の人生相談

　講師である筆者は部屋をあてがわれ、東北の名湯の恩恵にあずかりました。そして人気のない深夜0時頃、3回目の入浴を楽しんでいる時に、先ほどの宴会でひときわ騒いでいた幹事の1人が入浴にやってきたのです。

　彼は先ほどまでの宴会のテンションとは異なり、真剣な表情で筆者に話があると言ってきました。そこで筆者は湯船に浸かりながら彼の

話を聞きました。

　「父が倒れてから、母に実家の会社を継いでほしいと頼まれ、勤めていた大手を辞めて会社の後継者となりました。その後、父は退院したのですが、父と自分の意見はことごとく対立してしまい、母親や周囲を苦しめてしまっています。最近、幹部社員らの前で大喧嘩をしてしまった時には、『私はお前をこの会社へ呼んだ覚えはないし、後継者にすると言った覚えもない！』とはっきり言われてしまったのです。確かに父自身からそのように言われていないのは事実ですが、喧嘩しても最終的には親子で分かり合えていると思っていたため、この毒針のような一言が心に突き刺さり、ショックを受けてしまいました。これから父とうまくやっていける自信がありません」薄暗い湯船の中で涙ながらに語る彼の姿に、筆者もどうアドバイスしてよいか分からず、思わずもらい泣きをしてしまいました。

◆分かりあえないまま逝ってしまった父親

　この温泉地での一件の後、筆者はこの方とメールのやり取りをするようになりました。当初は父親に対する愚痴ばかりでしたが、ある時にお父様が亡くなってしまい、その後、徐々に彼のメールは「自分は父のことを理解できていなかった。父が亡くなり自分が社長になって初めて、その大変さが分かった」と父親への想いを募らせる内容へと変化していきました。そして、「親父と会いたい。親父と酒を酌み交わしたい。今だったら言うことを素直に聞けるのに」と痛切な後悔の念をぶつけてきました。

┌─────────────┐
│ 実務上の留意点 │
└─────────────┘

1　事業承継では現経営者と後継者のコミュニケーションが重要
　事業承継のスタートは父子の違いを認識すること、お互いが別人格

であると認識して譲り合う気持ちが重要です。

　しかし現実には親子であっても、事業承継について面と向かった対話を避ける傾向があります。「親の意見と冷や酒は後で効く」ということわざがありますが、本項目のケースのように、親の言った意見は後になってじわじわと効いてくるものです。2人が早期から対話をしていたら、このような後悔の念を抱くことはなかったでしょう。

　事業承継に当たって一番苦労した点は何かという後継者へのアンケートでは、先代経営者の「経営力（信用・人脈・判断力など）」の引継ぎがトップに挙げられています（グラフ）。

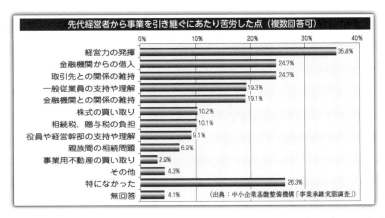

　日頃から積極的な対話を心掛けることで、お互いの違いをはっきりと認識することができ、対立やすれ違いの解消、経営力など事業の円滑なバトンタッチが行えるのです。父と子の両者が幸せになる事業承継への一歩を踏み出すために、ぜひ今日からでも、一杯飲みに誘ってみてください。

2　後継者が経営力を引き継ぐには相当の準備期間が必要不可欠

　後継者が先代経営者の人脈や信用などの経営力を引き継ぐためには相当の準備期間が必要です。経営者は後継者が「経営力」を具備できるよう、焦らずに時間をかけて取り組むことが大切です。

第4　利害関係者の理解と協力
＜第2章第4のポイント＞

　利害関係者から理解を得ることは事業承継の各場面において重要なポイントです。

1　親族内承継の場合

①　後継者候補が複数いる場合は、意思疎通を図り、なるべく早期に後継者を決定するとよい。後継者となる者へのアナウンスと本人の明示的な了解をとりつける

②　社内や取引先・金融機関に対して、事業承継計画を公表するなどの事前説明を行っておく

③　後継者の会社経営をバックアップする将来の役員陣の構成を視野に入れて、役員・従業員の世代交代を準備する

2　親族外承継（従業員等）の場合

①　事業の継続性を保つため、事前に経営理念や経営計画を明確にし、社内に公表する

②　後継者候補を一定期間役員等として社内で活動させる（内部昇格）

③　事業承継後も、現オーナー経営者が一定期間後継者をサポートすることが有効な場合もある

3　事業承継で配慮すべき利害関係者

事業承継では次のような利害関係者について配慮が必要です。

①　経営者からみて後継者以外の推定相続人

②　会社の役員や幹部社員

③　会社の主要な技術を担う技術者

④　取引先（販売先・仕入先・協力企業）

⑤　取引金融機関

【14】　兄さん、土下座してよ！相続で顕在化した兄妹の確執

　事業承継を円滑に進めるためには、経営者と後継者の間で経営方針などの合意を得て信頼関係を築くことが大切です。筆者はこれを「タテ」の関係と呼んでいます。しかし、円満承継のために重要なのはそれだけではありません。後継者と、会社幹部や他の相続人など他の利害関係者の良好な関係、いわば「ヨコ」の信頼関係もまた重要なのです。

　昭和22年にそれまでの家督相続に代わる「均分相続」へと民法が改正されて昭和23年1月1日以降、民法上、後継者と他の相続人は同等の地位になりました。そのため、後継者が「俺は跡取りだから財産をすべて貰って当然だ」などと思い上がると大変な事態に陥ることがあります。

　本項目では、かつて後継者がとった横暴な振る舞いが相続の際に蒸し返され、事業承継が思いもよらない事態に発展してしまった事例を検討します。

◆遺産分割協議で飛び出した予想外の一言

　被相続人である父親は中小企業の創業者であり、本業以外に郊外にいくつかの優良な賃貸物件を持つ不動産オーナーでもありました。

　被相続人の妻は、8年ほど前に亡くなっていて、2人の間には後継者の長男（59歳）、その下の長女（57歳）と次女（55歳）という3人のお子さんがいます。

　父親は遺言書を作成せずに亡くなってしまったので、長男と長女、

次女の3人で遺産分割協議を行うことになりました。そして協議の結果、長男が後継者として会社の株式や事業用資産、不動産関係を相続し、長女と次女はそれぞれ1億円の預貯金を相続することで、話はまとまりました。

　ところが遺産分割協議書を作成し、各自がそれに署名押印する当日になって、事件が発生しました。なんと次女が突然、「先生、私は遺産分割案に異論はないけれど、署名する前に心の整理をさせてください」と前置きした後、長男に向かって「兄さん、私に土下座してよ！」と険しい顔で言い放ったのです。

【お兄さん、土下座してよ！事件】

父親（先代）他界　母親（すでに他界）

判子を押して欲しいなら、土下座してよ！

長男（後継者）（59歳）　長女（57歳）　次女（55歳）

VS

◆ほんのささいな出来事が長年の不公平感に

　発端は昭和30年代、子どもたちがまだ幼い頃の出来事でした。当時、家に来客があると、父は来客者だけでなく子どもたちにも一杯の「ラーメン」を出前で取ってくれたそうで、子どもたち3人で分け合って食

べるのが全員の楽しみでした。

　しかしある日、ラーメンの「なると」が次女の大好物であることを知った長男が、「なると」を一人で食べてしまいました。次女は泣きながら父親に訴えたのですが、来客者の前でみっともないところを見られたと思ったのか、父親は怒り出し、「お前たちには、もうラーメンを取らない！」と怒鳴りつけたのです。

　そして泣きながら部屋に戻った次女が見たのは、長男の「悪魔的な薄ら笑い」だったそうです。日頃から思うところもあり、次女は幼き心に「父親は兄贔屓だ、いつか兄さんに目にもの見せてやりたい」と誓いを立てました。たかが「なると」と思われるかもしれませんが、次女はその誓いを、相続の場になってついに果たそうとしたのでした。

◆兄妹の争いは次世代まで引き継がれてしまう

　過去の経緯を次女から聞き出した筆者は、長男に向かって「土下座しろとは言いませんが、そもそもの原因があなたの行いにあるのも確かですから、とりあえず謝られたらどうでしょうか」と話しました。しかし長男は一切自分の非を認めず、逆に次女を非難するなどさらに次女の怒りに火を注ぎました。次女は「私の『なると』を返してよ。私が協議書に署名しなければ兄さんは不動産の名義も変えられないのよ」と泣き叫び、とうとう協議書に署名押印せずに帰ってしまいました。それから一週間の冷却期間を置き、筆者は次女のお宅を訪問し、次女のご主人に次のように訴えました。

　「私は税理士ですので、法律行為を行うことはできません。このままですと事態は私の手を離れ、双方が弁護士を立てることになります。そうすれば結末はどうあれ、今後兄妹は絶縁状態となり、このままではお子様の将来にまで影響を及ぼしかねません。ここで過去のことを持ち出してもどうすることもできませんので、遺産分割自体に不満が

ないのなら、どうか奥様を説得していただけないでしょうか」と。

　すぐに返事をいただくことはできませんでしたが、それから数日後、次女から署名押印に応じるとの連絡がありました。次女が折れて過去の確執を水に流すことで、遺産分割はなんとかまとまったのです。

実務上の留意点

1　事業承継は一時的ではなく日常的な経営課題

　本項目のケースでの顛末を総括すると、おそらく「なると」は氷山の一角に過ぎなかったのだと思います。自覚はなかったにしろ父親は後継者の長男をある程度特別扱いしていたのでしょうし、それを笠に着た長男の日頃の行動にも問題があったのでしょう。さらに兄妹には日頃から会話があまりなかったために、遺産分割の際に50年も前のことが蒸し返されてしまったのです。次女がとった行為の是非はさておき、長男は後継者という立場にありながら、明らかに周囲への配慮が欠けていたといえます。

2　事業承継では利害関係者への配慮を忘れないこと

　一般的に事業承継への取組は、税負担を軽減させる対策に焦点が当てられがちですが、それよりも実は利害関係者への配慮が非常に重要なことなのです。

　本項目のような事態に陥らないためにも、日頃から事業承継に関する事項、とりわけ後継者については、他の相続人や会社幹部などの利害関係者の十分な理解を得られるよう、配慮を心掛けてみてはいかがでしょうか。

【15】 えっ！死んだ親父に愛人が！？後継者が下した決断とは

事案の概要

　筆者は長年にわたって事業承継の支援業務に携わり、ドラマのような人間模様にも多く遭遇してきました。そのなかには、人生を豊かで幸せにする上で重要な要素であるはずのお金によって穏やかだった人間性が豹変する人もいて、そんな姿を見る度にとても悲しい思いをしたものです。しかし逆に、事業承継という人生の重大イベントだからこそ、素晴らしい人間性が輝くこともあります。筆者も温かい人情に触れて、とても素晴らしい人生経験をさせていただいたことは数えきれません。本項目では、亡くなった父親に愛人の存在が発覚した際に、後継者が取った対応の事例を検討します。

◆相続発生後に判明した愛人の存在

　大手の下請けを主業務とする中堅会社のS社では、創業者A氏が従業員や取引先からも慕われていました。しかし数年前にA氏は引退し、今では後継者の長男B氏が代表取締役社長として経営に携わ

【相続発生後に判明した愛人の存在】

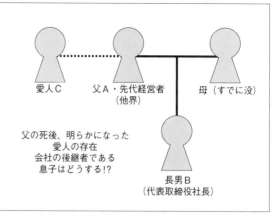

愛人C　　父A・先代経営者　　母（すでに没）
　　　　　（他界）

父の死後、明らかになった
愛人の存在
会社の後継者である
息子はどうする!?

長男B
（代表取締役社長）

っています。

　事件は、A氏が急死したことによって起こりました。財産を確認するために遺族が故人の手帳や携帯電話履歴を調査しているうちに、愛人Cさんの存在が発覚したのです。さらに調べるうちに、CさんはかつてA氏の秘書を務めていて、現在も会社近辺に暮らしていることが分かりました。後継者のB氏としては、父親A氏から自社株式や事業用資産を相続するに当たって、愛人Cさんに何かを要求されれば承継の障害になりかねません。愛人であるCさんの法律上の取扱いがどのようになるのかが気掛かりで、筆者の事務所を訪れました。

◆相続における愛人の権利は？

　筆者との面談で、長男B氏は愛人Cさんの存在を大変危惧していると吐露しました。高校生の頃に母親を亡くしてから、B氏と父であるA氏は2人きりで生活してきたのですが、まさか謹厳実直な父に愛人が存在したとはつゆほども思っていなかったのです。B氏は、「Cさんに慰謝料や財産分与などを請求されたら、どのように対応すればよいのでしょうか」と筆者に相談してきました。

　筆者はまず知り合いの弁護士を紹介する旨を伝えた後、以下の説明を行いました。

---

　①　本人には相続権がないこと

　　民法上、愛人は「法定相続人」とは認められないため、Cさんが相続により財産を受け取ることはできません。

　　2018年7月に行われた民法改正により、2019年7月1日から「特別寄与者の特別寄与料の制度」（民1050）が創設されましたが、これは被相続人の療養介護などを行った人が対象であるため、Cさんは該当しないと考えられます。

②　A氏とCさんの間に子（婚外子）が存在すれば、その子には相続権があること

　　もしA氏と愛人Cさんとの間に子がいる場合、認知されていれば、その子に相続権が発生します。たとえA氏が認知しないまま死去していても、「死後認知」の調停・審判を行う制度があります。その結果として認知されたということになれば、その子はA氏の相続において長男B氏と同等の権利を有することになるのです。

　これらの前提をもとに筆者は、もしも父A氏と愛人Cさんの間に子どもの存在が判明した際には、速やかに弁護士に相談するようアドバイスをして帰しました。B氏の背中には暗い影が落ちているように見えました。

◆長男と愛人の話合い、その意外な結末
　数週間後、B氏がとても明るい顔をして筆者の事務所に訪れ、「先生、Cさんと話し合って無事にすべて解決しました。Cさんは弊社の監査役に就くことになったので、先生にもそのうち紹介しますね」と告げました。筆者はあまりにも急な展開に目を白黒させながら、詳しい事情を聞いてみました。

　それによれば、父A氏とCさんの付き合いはとても長く、B氏も高校生の頃に何回か会ったことがあるそうです。B氏としても、当時からCさんに対して困った時に助けてくれる優しい秘書のおねえさんというイメージを持っていたことや、会社の古参の相談役からもCさんがとても真面目で、当時多感な年ごろだったB氏のことを常に気遣っていたことなどを聞いたそうです。

　そしてA氏とCさんの間に子どもはいませんでした。実際にCさんに会いに行くと、「老後を過ごすお金もある程度は蓄えがありますし、

Ａさんとのことはよい思い出として胸にしまっておきたいだけです。相続についても請求したいことは何もありません」と告げられたそうです。次第にＣさんへの感謝の気持ちが生まれてきたＢ氏は、Ｃさんに対して「自分はあなたのことを母親のように感じています。もしよろしければ、かつてのようにＳ社の経営をサポートしていただけないでしょうか。私はこれから、あなたと親子関係の第一歩を踏み出したいのです」と伝えたそうです。Ｃさんも快諾し、今ではとても良好な関係を築いていて、お互い、父親の思い出話に花を咲かせているとのことでした。

　本項目でのケースが円満に解決したのはＣさんやＢ氏の素晴らしい人間力や対応力のおかげであり、筆者が出る幕はありませんでした。しかし多数の事業承継案件に関わるなかでも珍しいほどの人と人との温かい触れ合いや善意を経験させていただき、お二人には今でも大変感謝しています。

実務上の留意点

1　愛人には民法上の相続分がないこと

　しかしながら重要なことは法律の範囲だけでなく、当事者間のコミュニケーションです。先入観を捨てて、当事者同士が話し合うことが大切です。

2　事業承継でのすべての課題が法律だけで解決できるとは限らないこと

　その人の人生経験や教養、その他人間味といわれる数値に表せない事柄も大切にすべきでしょう。

第3章　法務上の課題とその対応策
＜第3章のポイント＞

法務上の課題とその対応策をまとめると次のようになります。

法務上の課題 — 遺産分割の法務と法定相続分
事業承継に必要な遺言の知識
事業承継を阻害する遺留分制度

- 遺産分割の法務と法定相続分
- 事業承継に必要な遺言の知識
- 事業承継を阻害する遺留分制度
- 遺留分に関する民法の特例
- 会社法の活用

◆法務関係の用語

　法務上の課題を検討する上では、次のような法律用語の意味を理解する必要があります。

用　語	解　説
親　族	6親等内の血族、配偶者、3親等内の姻族
血　族	血のつながりのある親族
姻　族	結婚による親族（配偶者の血族）
直　系	人と人との間の血統が親子の関係でつながる系統
傍　系	血統が共同の祖先から別れてつながる系統
尊　属	自分より目上の親族

卑　属	自分より目下の親族
家　督 相　続	旧民法（明治31年～昭和22年）長子が単独で相続すること

第1　遺産分割の法務と法定相続分

＜第3章第1のポイント＞

1　民法における相続順位と法定相続分

　民法では、法定相続人の相続順位と法定相続分を次のように規定しております。

（法定相続分）

第900条　同順位の相続人が数人あるときは、その相続分は、次の各号の定めるところによる。

　一　子及び配偶者が相続人であるときは、子の相続分及び配偶者の相続分は、各2分の1とする。

　二　配偶者及び直系尊属が相続人であるときは、配偶者の相続分は、3分の2とし、直系尊属の相続分は、3分の1とする。

　三　配偶者及び兄弟姉妹が相続人であるときは、配偶者の相続分は、4分の3とし、兄弟姉妹の相続分は、4分の1とする。

　四　［省略］

　被相続人が夫の場合における各法定相続人の法定相続分を例示すると、次の図のようになります。

【被相続人が夫の場合】

① 相続人が妻：子＝ $\dfrac{1}{2} : \dfrac{1}{2}$

② 相続人が妻：夫の父母＝ $\dfrac{2}{3} : \dfrac{1}{3}$

③ 相続人が妻：夫の兄弟姉妹＝ $\dfrac{3}{4} : \dfrac{1}{4}$

> ④　相続人が妻＝　　　1

2　遺産分割の民法上の流れ

遺産分割は民法上、一般的に次のような流れで行われます。

---

①　遺言による相続分の指定での分割

　　まず遺言による相続分の指定（民902）があれば、それに従った分割が行われます。自筆証書遺言（民968）や公正証書遺言（民969）などいくつか種類がありますが効力は変わりません。ただし遺言には、兄弟を除く法定相続人の遺留分（民1042）の制約がありますので、すべてを自由に分割できるわけではありません。遺留分（民1042）とは、遺書の有無などにかかわらず法定相続人に最低限度の資産承継の権利を保障する民法の制度です。

②　相続人同士の話合いによる遺産分割協議

　　遺言による相続分の指定（民902）がなければ、相続人の間で話合いが持たれることになります。遺産分割協議（民907）は全員の意思が一致しない限り効力を発揮しないため、たとえ一人でも分割結果に反対意見があれば、協議不成立となります。

③　調停や審判の方法による分割

　　最後まで相続人の間で話合いがまとまらないケースや、話合い自体ができない時には、裁判所の力を借りて調停や審判の方法による分割を行うことになります。

3　代襲相続人の相続分

　代襲相続人の相続分は、被代襲者である子や兄弟姉妹の相続分を引き継ぐことになります。また、代襲相続人が複数いる場合には引き継

いだ相続分を均等に分けることになります。

（代襲相続人の相続分）
第901条　第887条第2項又は第3項の規定により相続人となる直系卑
　　属の相続分は、その直系尊属が受けるべきであったものと同じと
　　する。ただし、直系卑属が数人あるときは、その各自の直系尊属
　　が受けるべきであった部分について、前条の規定に従ってその相
　　続分を定める。
2　　［省略］

【16】　問題児の次男坊！民法で争族トラブルを防げるか

事案の概要

　2018年7月に民法の相続法分野の改正が国会で成立し、この約40年ぶりとなる大改正によって、相続に関するルールは大きく変わりました。そのなかで、2019年1月13日に自筆証書遺言（民968）の方式が緩和され、従来よりも遺言が作成しやすくなりました。今後、遺言による相続分の指定（民902）は相続対策として今まで以上に身近な存在となることでしょう。

　本項目では、遺言書が作成されていなかったことによって発展した争族トラブルを検討します。

◆追放処分を受けた"札付き"の次男坊

　A社長は製造業と小売業等の数社を経営しているオーナーでした。家族構成は、妻のB子さんと2人の子ども、長男C氏、次男D氏がいて、事業はすでに長男C氏に引き継がれ、C氏がグループ会社を含めた代表取締役社長に就任しています。

　一方、次男であるD氏は、以前はグループ会社のうちの一つに経理担当役員として勤務して

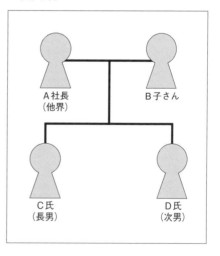

いましたが、金融機関の勧めにより金融デリバティブ商品に手を出し

たところ会社に多額の損害を与えてしまい、会社を追放処分されています。

◆残されなかった遺言　まとまらない遺産分割協議

　事件は、A社長が亡くなった後の相続で起こりました。遺言書は作成されていませんでしたので、B子さん、C氏、D氏の3人の法定相続人による遺産分割協議（民907）がスタートしました。

　事業の後継者であるC氏は、A社長が会社に貸していた不動産、貸付金など、すべての事業用資産を自分が相続する案を出しました。母親であるB子さんもそれに同意しましたが、次男のD氏はこれを拒否し、法定相続割合（民900）での相続を主張しました。遺産分割協議（民907）においては、法定相続人間の「全員一致」で決定しなければならないため、協議の合意は成立しませんでした。

　結局、家庭裁判所の調停などによって分割を進めたところ、ほぼ法定相続分（民900）に基づき、事業に必要な不動産の一部や貸付金をD氏が相続することになってしまいました。その後、貸付金の返済を求めてきたD氏に債務を弁済したため会社の資金繰りは悪化し、さらにD氏は事業用の不動産を第三者に売却する可能性を示唆したため、高額な買取り要求に応じざるを得ず、事業に重大な支障を与える結果となってしまいました。

実務上の留意点

1　事業承継では「遺言による相続分の指定」が必要不可欠

　相続が発生し遺言による相続分の指定（民902）がない場合には、法定相続人間で「遺産分割協議（民907）」を行います。この遺産分割で争いが起こった場合には、事業承継の長期化は免れません。また、結果

は法定相続分（民900）に近い形で遺産分割されるのが通常です。トラブルを起こしそうな推定相続人が見込まれる場合には、「遺言による相続分の指定（民902）」は必要不可欠なものといえます。

2　遺産分割協議は法定相続人間の全員一致で決定

相続が発生して遺言書がない場合には、法定相続人間の遺産分割協議（民907）で決めるのが原則です。遺産分割協議は法定相続人間の全員一致によって決まります。

なお、遺産分割では民法の法定相続分（民900）が判断の前提となるケースが多く見受けられます。また遺言に遺留分（民1042）の制約があることにも留意する必要があります（**本章「第4　事業承継を阻害する遺留分」**参照）。

【17】　隠し子は忘れた頃にやってくる！認知請求を迫る愛人とわが子

事案の概要

　円滑な事業承継を阻害する要因の一つとして、経営者の異性問題が挙げられます。その中でも、特定の異性との間に子どもが産まれた場合には取り返しのつかない事態に発展することも多く見受けられます。たとえ浮気相手の子であっても、民法上の「嫡出の承認（民776）」を行えば、相続では原則的に妻の子と同等の権利を持つからです。「テレビドラマでよく見る話で、うちには関係ない」と思うかもしれませんが、人生何があるか分かりません。

　本項目では、隠し子が現れた経営者のトラブル事例を検討します。

◆社長の異性問題

　Ｔさんは中小企業のオーナー経営者です。会社は技術力に優れ、社長であるＴさんの人脈や営業力を通じて順調な業績を上げていました。家族構成は経理担当役員の妻と、後継者でもあり工場長を務める息子のＡ男との3人で、協力して会社の事業運営に当たっていました。ところがある日突然、社長と内縁関係にあったという女性と、その子Ｂ夫が会社に現れ、子どもの認知（民

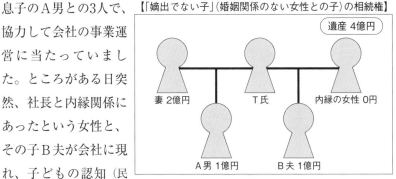

【「嫡出でない子」(婚姻関係のない女性との子)の相続権】

遺産 4億円

妻 2億円　　Ｔ氏　　内縁の女性 0円

Ａ男 1億円　　Ｂ夫 1億円

779）とTさんの財産の相続権を要求してきたのです。Tさんは確かに、その女性と親密な付き合いがありました。しかしかなり前に別れており、子・B夫の存在も知りませんでした。

　事情をよく聞けば、B夫は確かにTさんの子であり、どうやら認知（「認知の方式」（民781））を免れることはできないようです。Tさんの妻はあまりの事態にパニック状態に陥り、その後、言動が不安定になってしまい心療内科に通い出しました。また仲の良かった息子A男もそれ以来Tさんと口を利かなくなり、経営判断でも意思の疎通ができなくなりました。さらに今まで信頼関係にあった従業員たちとTさんの関係までもがギクシャクしだしたのです。一つの出来事をきっかけに、会社も家庭も崩壊の危機を迎えてしまったというわけです。

　TさんはB夫の認知（民779）を免れないにしても、新たな相続人が現れたことで、もし自分に万が一のことがあった時に自分の財産がどうなるのか、会社を円満に事業承継できるのかなどの問題で精神的に追いつめられ、夜も寝られない状況になってしまいました。

◆問題のポイント

　事例について、論点を整理してみましょう。

1　内縁関係の女性の相続権はあるのか？

　内縁関係にある女性については、Tさんと婚姻関係にありませんので相続人とはなり得ません。つまり相続権はありません。

2　その女性との間に産まれた子（B夫）の相続権はあるのか？

　子・B夫はTさんが「認知（民779）」をして初めて相続人になります。認知（民779）については、母子関係は分娩の事実によって明らかであるので必要ありませんが、父と母との間に婚姻関係がなければ、父親が「間違いなく自分の子である」と認めて初めて父子関係が成立します。これが「認知（民779～787）」です。認知（民779）がされないと子は

父親に対する相続権がありません。

　なお、正式に婚姻関係のある夫婦の間に産まれた子A男と、法律上の婚姻関係のない男女の間に産まれた子B夫とは、民法上均等な権利を有することになります。つまり、Tさんに何かあった時の法定相続人は妻、妻との子（A男）、新たに認知（民779）した子（B夫）の3人になるのです。

◆非嫡出子に対する民法の取扱い

　2013年12月5日に成立した改正民法では、非嫡出子に対する相続差別の解消を目的として、民法900条4号から「非嫡出子の法定相続分は嫡出子の2分の1」という規定が削除されました。

　つまり2013年9月5日以後の相続からは、嫡出子も非嫡出子も平等の相続権を持つようになったのです。したがって、現在の民法では、「嫡出子」・「非嫡出子」という法律用語もなくなりました。

　さらに近年ではDNA鑑定により比較的容易に「認知（民779）」を求められることもあり、新たに相続争いの火種が生まれる危険性が高くなりました。

実務上の留意点

　Tさんのように知らなかったのなら仕方ありませんが、もし隠し子の存在を認識していたのなら、相続時のトラブルを避けるために以下のような事前対策をしておくべきでしょう。

① 認知すること
　時限爆弾のように突然のトラブルが起きることがないよう、むしろ積極的に認知（民779）を行い、その上で相続などの準備を行

っておく方が結果的に揉める危険性は低くなると考えられます。

② 遺言書を遺すこと

　亡くなる前に遺言書を作成しておき、財産の分割方法を指定することによって、遺産トラブルを避けることができます。特に遺言により指定した相続分（民902）は法定相続分（民900）より優先されますので、「嫡出でない子」の相続権を法定相続分の半分（遺留分）に制限することも可能です。

③ 専門家にあらかじめ相談すること

　遺産分割トラブルはこじれてしまってからでは解決の糸口がなかなか見つからないものです。事前に専門家のアドバイスを受けながら、争族防止の工夫をしましょう。

④ 夫婦円満であること

　愛人との間に子供を作ってしまうと、現在の民法上においては妻の子と同等の相続権を持つことになってしまうのです。円滑な事業承継を行いたいのであれば、経営者はまず会社（事業）と家庭を両立させ、どちらも大事にすることが大切です。

第2　事業承継に不可欠な遺言
＜第3章第2のポイント＞

1　遺言の各制度の比較

　遺言には普通方式と特別方式があります。普通方式には自筆証書遺言（民968）、公正証書遺言（民969）、秘密証書遺言（民970）があります。なお、普通方式の3つの方式で遺言をする場合には遺言書を作成する必要があります（民967）。事業承継で活用できる普通方式遺言を比較すると次のようになります。

	自筆証書遺言 （平成31年1月13日施行）	同左（遺言書保管制度） （令和2年7月10日施行）	公正証書遺言
場所	任意	法務局（遺言書保管所）に出頭	公証役場（自宅等も可）
筆記	全文自筆 （遺産目録を除く）	同左 （様式は法務省令で指定）	公証人（口述を筆記）
証人	不要	同左	証人（利害関係者以外の者）2人以上
検認	必要	不要	不要
費用	不要	保管申請等の手数料	公証人の手数料など
利点	・一人で簡単に作成可能 ・遺言の存在・内容の秘密保持 ・費用不要	・遺言の存在・内容の秘密保持 ・方式不備による無効を一定　程度回避 ・遺言書の紛失、変造、滅失のおそれなし ・遺言存在の検索可能 ・検認不要で早期執行着手可	・方式不備、無能力による無効を回避 ・遺言書の紛失、偽造、変造、滅失のおそれなし ・遺言存在の検索システム利用可 ・検認不要で早期執行着手可
欠点	・遺言書の紛失、他人による偽装、変造、隠匿の危険性 ・方式不備、遺言能力欠如による無効の危険性	・遺言者自身の法務局への出頭と手数料が必要 ・他人による偽造の危険性（保管前）	・作成に手間と費用が必要 ・証人から秘密が漏れる危険性

2　自筆証書遺言の簡略化

　自筆証書遺言（民968）は普通方式遺言（民967）の代表的な手法ですが、これまでは法的効力を発揮するためには全文自筆が求められるなど、厳しい要件を満たす必要がありました。しかし現在では、民法改正で要件が緩和され、より使いやすいものとなっています。2018年7月に成立した改正民法「相続法」では、次のような改正が行われました。

① 　2019年1月13日に施行された内容

　従来の自筆証書遺言は、その全文を自署（手書き）で行う必要がありましたが、改正法では全文を手書きで作成する必要がなくなり、財産目録をパソコンなどで作成することや、通帳のコピーを添付することも可能になりました。

　なお、下図のように財産目録に署名押印が必要となることに留意しましょう。

【自筆証書遺言の方式】

区　分	内　　容
自筆証書	全文自筆で作成
財産目録	全文自筆でもよいが、パソコンでの作成、又は、金融機関の通帳のコピーや不動産登記事項証明書のコピーの添付でも認められる

② 　2020年7月10日に施行された内容

　2020年7月から、自筆証書遺言を作成すれば、法務大臣の指定する法務局に遺言書の保管を申請することができるようになりました。これにより、遺言書の紛失や、通知漏れによるトラブルを防ぐことができます。

【18】　遺言がない！巻き起こる兄妹間の財産争奪戦

事案の概要

　円滑な事業承継を阻害する要因の一つに、亡くなった経営者の遺産をめぐる争いが挙げられます。特に事業用資産が遺産の大部分を占めている時は、会社の存続にも関わる深刻な問題が生じることも珍しくありません。

　遺産相続で揉めて裁判に至った事例は年々増加傾向にあります。相続人の間での遺産争いを防ぎ、事業承継を円滑に行うためには、遺言書の作成が欠かせません。西洋では「財産を残すならまず遺言書を残せ」と言われるほど遺言書の作成は当たり前のようになっていますが、日本ではまだまだ普及していないのが実状のようです。

◆「そのうち考える」と言ったまま…

　Uさんは、70歳になったのを機に長男へ自社の経営を引き継ぎました。高齢でもあり、顧問税理士からは「相続で揉めないために遺言書を作成したらどうか」というアドバイスを受けましたが、「そのうちに考える」と言ったまま、結局、遺言書を作ることなく数年後に他界してしまいました。

　Uさんの相続人は長男と長女の2人です。相続財産は自社株式2億円、会社へ貸し付けている土地や貸付金などの事業用資産が1億円、預貯金や自宅（土地・建物）などが1億円で、合計4億円ありました。事業の後継者である長男は、自社株式2億円と事業用資産1億円の相続を主張しましたが、長女は民法の「法定相続分（民900）」に従い、平等に2億円ずつ遺産を分けることを主張しました。遺産分割の協議は不調

に終わり、裁判所の調停で長男は自社株式の2億円、長女は事業用資産の1億円と預貯金や自宅などの1億円をそれぞれ相続することで決着しました。しかしその後、長女が貸付金の返済や会社に貸し付けている不動産の買取りを要求したことで、事業に大きな支障を来すようになってしまったのです。

◆泥沼の事業承継

　Uさんの相続をめぐる本事例では、複数の問題が起きてしまいました。

1　自社株式の分散

　遺言による相続分の指定（民902）などの生前の準備をしないまま先代経営者が死亡してしまい、相続人が複数存在すると自社株式や事業用資産は民法の手続に則って分配されることが多く見受けられます。つまり原則として、配偶者を除く法定相続人の取り分を均等とする法定相続分（民900）に応じて分配されます。そのため、先代経営者の個人財産の多くを自社株式等が占めていると、他の相続人の同意がない限り自社株式等が各相続人に分配されてしまい、後継者に自社株式等を集中することができなくなってしまいます。

2　事業承継の長期化

　遺産分割の手続は相続人同士の協議で始まり、それで決まらなければ家庭裁判所の調停、審判、それに不満があれば不服申立て、さらに再協議・再調停へともつれ込みます。もちろん揉めれば揉めるほど長期間を要し、その分だけ、承継後の経営のスタートが遅れることになります。2019年度に家庭裁判所が関与した遺産分割事案（調停・審判）のうち、6か月超1年以内を要したもの約34％、1年超2年以内を要したもの約24％と、約6割が解決までに半年以上の期間を要しています（最高裁判所・2019年度司法統計年報）。

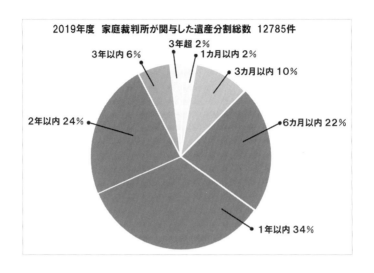

2019年度　家庭裁判所が関与した遺産分割総数　12785件

3　遺産の共同所有（「相続財産の共有」）

　遺言による相続分の指定（民902）がなければ、遺産分割の審判が終了するまでは遺産を相続人らで「共同所有」（民898・899）することになります。不動産など価値が流動的な資産で特に多いパターンですが、共同所有は資産運用の意見の食い違いなどからトラブルに発展することが少なくありません。

> 実務上の留意点

1　"争続"トラブルを未然に防ぐためにも遺言書の作成は必須

　財産の多寡にかかわらず、遺言書は"争族"トラブルを未然に防ぐ有効な方法です。法定要件を十分に理解した専門家に相談した上で遺言書を作成し、定期的に見直すことをお勧めします。

　本項目のケースでは、もしUさんが遺言書を作成していれば、長女の取得分は遺留分（民1042）である1億円だけに抑えられ、自社株式と事業用資産を長男がスムーズに相続することができたでしょう。本項

目のケースにとどまらず、次に挙げるようなケースでは特に遺言書の作成が欠かせません。

---

① 　自社株式や事業用資産を多く残したい特定の後継者がいる
② 　相続人に揉めそうな配偶者、子どもがいる
③ 　先妻と後妻との間にそれぞれ子どもがいる
④ 　内縁の妻や認知（民779）した子がいる
⑤ 　相続権がない孫や兄弟姉妹、世話になった息子の嫁に遺産を与えたい

2　事業承継では法務の知識が必要不可欠

民法の均分相続や法定相続分（民900）など法務の知識が欠かせません。

自分の財産だからといって自由に分配できるわけではありません。民法で制限されることもありますので、正しい民法の知識を得て、あらかじめ遺言による相続分の指定（民902）を行っておくべきです。またその際には、事前に法律家に相談しておくことをお勧めします。

3　先代経営者は利害関係者に対して、後継者に協力するように普段から説得すること

本項目のケースにおいても、日ごろから長女に対してもう少し事業承継を理解させておくことで、別のよい結果につながることができたのかもしれません。

【19】　何度も書き直した形跡の遺言メモ！相続人らが選んだ意外な結末

事案の概要

　事業承継の大きなテーマの一つに、相続財産をどう分けるかという問題があります。法律に沿って考えるなら、まず遺言による相続分の指定（民902）があるケースなら、その遺言による相続分の指定（民902）が「遺留分（民1042）」を侵害しない限り、遺言で指定された相続分に従って遺産を分けることになります。

　遺留分（民1042）とは、相続財産のうち、必ず相続人に残しておかなければならない財産の割合のことです。割合は亡くなった方との関係によって異なりますが、法定相続分（民900）に比べれば少なく、例えば配偶者と子どもが相続人なら、各人の遺留分（民1042）は法定相続分の2分の1と定められています。遺留分（民1042）を請求できるのは配偶者と直系血族に限られ、兄弟姉妹は請求することができません。遺言による相続分の指定（民902）が遺留分（民1042）を侵害している時には、これらの相続人は自分の最低限の取り分を要求することができ、これを「遺留分侵害額の請求（民1046）」といいます。

　一方、遺言による相続分の指定（民902）がなければ、相続人全員が遺産分割について話し合い、その全員の合意で遺産を分けることになります。この話合いを遺産分割協議（民907）と呼び、協議で全員の合意が得られない時には、家庭裁判所の調停や審判によって各人の取り分を決することになります。

◆老舗のメガネ屋、残された遺産は6億円

　亡くなった花子さんは、大正時代から続く老舗のメガネ屋の経営者でした。3人のお子さんのうち長女のＡ子さんが後継者として決まっていて、二女のＢ子さんは賃貸不動産の管理を行っています。

　三女のＣ子さんはすでに他界し、飲食店を経営する夫との間にＤ子さんとＥ男さんという2人の子どもがいます【図】。

【図】家族構成

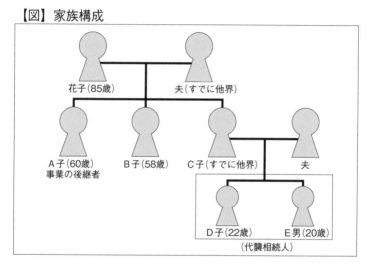

　花子さんの死亡時の遺産は、事業用不動産2億円、自社株式1億円、その他不動産や有価証券・現金預金など3億円の計6億円でした。花子さんの遺産について、各相続人の法定相続分と遺留分を示すと【表1】のとおりになります。

【表1】相続人らの法定相続分と遺留分

推定相続人	法定相続分	遺留分
Ａ子（長女）	2億円	1億円
Ｂ子（二女）	2億円	1億円

C子（三女）の	D子	1億円	5千万円
代襲相続人	E男	1億円	5千万円
合　　計		6億円	3億円

　民法887条の規定によりC子さんの相続権はその子供が代襲し、民法901条の規定によりC子さんの2分の1の相続権をD子さんとE男さんがそれぞれ持っています。

　表を見ると分かりますが、A子さんが後継者として店舗不動産2億円と自社株式1億円を相続しようとすると、他の相続人の法定相続分（民900）を侵害することになります。仮に花子さんが「A子さんに事業用不動産と自社株式のすべてを引き継ぐ」と遺言を残していれば、他の相続人全員が遺留分（民1042）を要求したとしても3人で計2億円となり、A子さんの手元に1億円の納税資金が残されました。しかし、花子さんは正式な遺言を残すことなく、この世を去ってしまったのです。

◆故人の想いと愛情が相続人の心を動かす

　遺言による相続分の指定（民902）がない以上、各相続人は遺留分（民1042）ではなく法定相続分（民900）を遺産分割で要求することができます。遺産分割協議（民907）で全員が法定相続分（民900）を主張すれば、後継者のA子さんは事業用不動産と自社株式を満足に引き継げず、会社は立ち行かなくなるかもしれません。

　しかし花子さんは、決して会社や家族の将来を考えていないわけではありませんでした。末期がんの状態であると医師に宣告されてから、どのように財産を分けたらA子さんへの事業承継が円滑にでき、その上でB子さんやC子さんの遺児が納得してくれるだろうかと非常に悩んでいたのです。その証拠として、法的に有効な遺言こそ残せなかったものの、何度も何度も遺言の内容を書いては直しを繰り返した

便せんが発見されたのです。

　遺産分割協議（民907）の場で、筆者はあえて、相続人全員に遺言メモにすぎない便せんを回覧させました。病に体をむしばまれてゆくなかで花子さんが必死につづった文章を目にし、相続人の間からすすり泣きの声が聞こえました。

　花子さんの孫であるD子さんとE男さんが口を開きました。

　「祖母はよく父の店に焼き鳥を食べに来ていました。その時、私たちに『ごめんね。お前たちには有価証券を残してあげようと思っていたけど、株で失敗して遺留分しか残せないのよ』と話してくれました。その時は何のことかよく分からなかったけど、今やっと理解できました。私たちは、この便せんに書かれた分け方で結構です」と。

　最終的に、単なるメモにすぎない花子さんの便せんの内容どおり、A子さんが事業用の不動産と自社株式をすべて引き継ぐことで全員が一致しました【表2】。

【表2】実際に行われた遺産分割の内容

事業用不動産（店舗）	2億円	A子（長女）
自社株式	1億円	A子（長女）
賃貸不動産（収益物件）	1億円	B子（二女）
現金・預金	1億円	A子5千万円、B子5千万円（納税資金に充当）
有価証券（株式証券類）	1億円	D子5千万円、E男5千万円
合　　計	6億円	

実務上の留意点

1　遺産分割協議の前提条件は法定相続人との信頼関係

　正式な遺言による相続分の指定（民902）が存在しない場合、財産は

相続人の協議による遺産分割により分けることが通常です。本項目の
ケースでは故人の想いをつづった遺言メモ（便せん）の存在が相続人
らの心を打ち、法的に有効ではないものの、メモに従った方法で遺産
分割を行うことができました。このような結果となった背景には、日
頃から花子さんが非常に家族想いであったこと、また家族に対して花
子さんが自分の気持ちを明確に伝えていたこと、相続人の間で固い信
頼関係が築かれていたことが挙げられます。

2　事業承継では日常のコミュニケーションが重要

　事業承継においては法律上の課題を検討することも重要ですが、そ
の前提として、家族間のコミュニケーションや信頼関係があることが
大切です。

第3　自社株式をめぐる法務上の課題
＜第3章第3のポイント＞

1　自社株式対策の重要性

　日本の中小企業においては、経営者の高齢化を向かえており、また、経営者自身が大株主であることが多いのが実状です。それゆえに、経営者の相続の開始は自社株式の承継対策を意味することが多いのです。したがって適切な事業承継対策を行うに当たって、会社の株主の保有状況、特に経営者の保有状況を把握することが非常に重要になります。

2　遺言のない株式をめぐるトラブル

　遺言による相続分の指定がない場合、遺産分割協議が終わるまで相続財産は共有状態となります（「共同相続の効力」）。この際、株式の議決権も準共有状態となるのです。

- （共同相続の効力―相続財産の共有）相続人が数人あるときは、相続財産は、その共有に属する　（民898）
- （準共有）この節の規定は、数人で所有権以外の財産権を有する場合について準用する。ただし、法令に特別の定めがあるときは、この限りでない　（民264）
- 準共有されていた有限会社の持分につき、その権利行使者の決定方法を「その持分の価格に従いその過半数をもってこれを決する」とする　（最高裁平成9年1月28日判決　（平5(オ)1939号））

3　自社株式の保有状況に関する現状分析の必要性

　中小企業の事業承継を円滑に行うためには、まず最初に会社の「株

主名簿」を整備して、経営者及び後継者、利害関係者の株式保有状況を分析把握しなければなりません。

　株式保有をめぐっては次のようなリスクが考えられるからです。

①　相続人が多数存在することにより、株式（株主）が分散すること
②　総会屋・反社会団体等の好ましくない者が株式を相続又は取得すること
③　相続人がその経営権の維持及び納税資金の確保を行わなければならないこと

4　会社法を活用した株式の集中及び分散防止の基本手法

　事業承継では会社法の規定による「株式譲渡制限（会社107①一）」・「自社株式の買取り（会社155）」・「相続人等に対する売渡しの請求（会社174）」など定款の見直しによる自社株式の集中及び分散防止を行うことができます。

5　株式の譲渡制限

　定款に「株主の譲渡制限条項」を定めることによって、株式譲渡に会社の承認を要するという制限をつけることができます。これにより、会社にとって好ましくない者への株式の譲渡を防ぐことができます。株式の譲渡制限条項は会社法107条1項1号に規定されており、主に次のような特徴があります。

①　株式の譲渡制限
　・会社法では、定款で定めることで株式譲渡に会社の承諾を要するという譲渡制限を設けることを認めている
　・発行株式の全部を対象（会社107①一）
　・発行株式の一部のみを対象（会社108①四）

---

② 株式の譲渡制限の対象
・いわゆる「特定承継」が譲渡制限の対象となる
・株式の譲渡
・株式の贈与
・株式の遺贈
③ 株式の譲渡制限の対象外
・株式の相続のような「一般承継」の場合は譲渡承認が不要となる

6　自己株式の取得

　会社は定款によって、自己株式の取得と保有などが原則として自由に行えるようになっています。会社法による自己株式の取扱いは、次のとおりです。

---

① 自己株式制度の経緯
・平成13年の商法改正で、自己株式の会社による取得と保有が原則として自由になった
・会社法においても同様の自由が維持されている
② 自己株式の取得
・全株主を平等に扱う公開買付け（会社156①）
　　⇒「株主総会の普通決議」（会社309①）
・特定の株主からのみ取得（会社160①）
　　⇒「株主総会の特別決議」（会社309②）
③ 自己株式の保有
・保有株式の数ないし期間に制限はない
・保有自己株式については「議決権」はない

7　「相続させる遺言」と「遺贈」との比較

　民法では「相続」と「遺贈」は全く別の概念ですが、税法ではよく「相続等」と表現し、相続と遺贈の取扱いが同じ場合があります。

　例えば、「相続」では相続人等の売渡し請求条項の対象になりますが、「遺贈」の場合は、譲渡制限の対象となるので注意が必要です。

【株式譲渡制限会社における自社株式の承継の場合】

	「相続させる」遺言	遺　贈
文　例	「T社株式をAに相続させる」	「T社株式をAに遺贈する」
法的性質	相続分の指定＋遺産分割方法の指定 相続による承認（一般承継）	意思表示による権利変動 贈与、売買等と同じ （特定承継）
承継人	相続人	限定無 第三者、法人でも可
譲渡承認	不要	譲渡承認が必要
相続人等への売渡請求	売渡請求の対象	売渡請求の対象外

8　種類株式の活用例

　会社支配権確保のための種類株式の活用ができます。事業承継において、活用できる種類株式として、会社法では「議決権制限株式（会社108①三）」・「拒否権付種類株式（会社108①八）」などがあります。

① 　議決権制限株式（会社108①三）
- ・議決権制限株式は、株主総会で特定の議決権が制限された株式
- ・後継者以外に議決権制限株式を相続させることで、後継者に議決権を集中することが可能
- ・普通株式と同様に評価。ただし、議決権がない点を考慮し、納

税者の選択により、5%評価減し、その評価減した分を議決権株
式の評価額に加算する評価方法を導入（注）

　（注）　同族株主が相続により取得した株式に限るものとし、
　　　　　当該株式を取得した同族株主全員の同意が条件

②　拒否権付種類株式（黄金株）（会社108①八）

・拒否権付種類株式（黄金株）とは、株主総会の特定の決議事項
について、拒否権を有する株式をいいます

・現経営者が一定期間拒否権付種類株式（黄金株）を保持し、信
頼がおけるようになるまで後継者の経営に睨みを利かせること
が可能となります

【20】　残されなかった遺言！自社株式の議決権は誰の手に

【事案の概要】

　事業承継対策をする上で、いわゆる「争族」トラブルを未然に防止するためには、経営者の意思をはっきりと書面に示す遺言書の作成が必要不可欠です。しかしながら実際は、遺言書を作成することに抵抗がある経営者は少なくありません。筆者自身の経験に照らしてみても、事業承継対策の第一歩として顧問先の経営者に遺言書の作成を勧めたとき、いかなる理由かは分かりませんが、多くの経営者が「遺言書はそのうち作りますよ」と言いつつ、なかなか作成しないのが実情のようです。

　しかし、事業承継を円滑に進めるためには遺言による相続分の指定（民902）は欠かせません。特に、自社株式を後継者に渡すという内容を遺言に規定しておくことがとても重要になります。民法898条では、遺言がない相続では「相続人が数人あるときは、相続財産は、その共有に属する」と規定されています。つまり、もし遺言がないまま相続が発生すれば、遺産分割協議（民907）が整うまでの間、自社株式は「法定割合に沿ってそれぞれが分割して持ち合う」のではなく、全株式が共有状態という「準共有」になるわけです。株式の所有権だけでなく、「議決権」も準共有となるため、経営に深刻な問題が生じる可能性が出てくるのです。

　準共有となった株式の議決権は、「その権利行使の決定方法を、その持分の価格に従い、その過半数をもってこれを決する」と規定されています。つまり遺産分割が整うまでの間は、後継者以外の複数の相続人が準共有持分の過半数を得て、その議決権が全株

式に及ぶこともありうるわけです。

　本項目では、先代経営者が遺言を作成せずに亡くなったために、株式の議決権が後継者以外の姉弟に委ねられてしまった事例を検討します。

◆自社株式の9割が法定相続人の準共有状態に！

　T社の発行済議決権株式総数は1,000株で、オーナー経営者のAさんがそのうち900株を、長男で後継者のBさんが100株を所有していました。

　Aさんが亡くなり、相続人となったのは、後継者である長男Bさんに加えて、次男Cさんと長女Dさんの3人です。Aさんが所有していた自社株式900株について、法定相続分（民900）に従えば相続人3人（Bさん、Cさん、Dさん）が300株ずつ3等分することになります。しかしAさんは遺言を残していなかったため、900株は3等分されるのでは

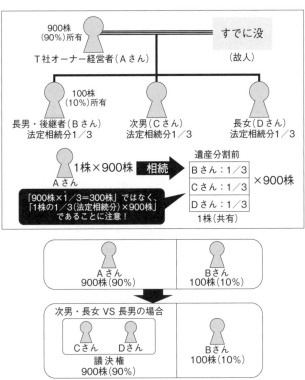

なく、相続人3人の共有財産となってしまいました。

　そこで、かねてより後継者であるBさんと仲の悪かったCさんとD
さんは同盟関係を結び、共有割合の3分の2を握ることでAさんの持っ
ていた株式900株すべての議決権を獲得し、Bさんに圧力をかけたの
です。

　結果としてBさんは遺産分割協議（民907）の場で、株式の議決権を
得る引換えとして、CさんとDさんに法定相続分（民900）を超える多
くの相続財産を譲ることになりました。

実務上の留意点

1　事業承継において遺言による相続分の指定は必要不可欠

　本項目のケースにおいて最大の問題点は、Aさんの生前における事
業承継の対策不足にあると考えられます。それは遺言を残しておかな
かったことだけにとどまりません。

2　自社株式には遺言による相続分の指定が必須

　遺言による相続分の指定（民902）がなく、遺産分割協議（民907）にお
いて自社株式が未分割の場合、自社株式は「準共有（民264）」の状態と
なります。準共有の状態では、株主総会での議決権の行使が困難とな
るおそれがありますので、遺言による相続分の指定（民法902）で自社
株式を後継者に集中させることが非常に重要です。

3　トラブルを回避するために重要なこと

　本項目のケースのように後継者のBさんが泣くことになってしまっ
た結末を未然に防ぐためには、Aさんがしっかりしているうちに、次
のような手を打っておくべきでした。

① 遺言書を作成すること

　他の相続人（Cさん、Dさん）の遺留分を考慮に入れた遺言書を作成し、T社の株式についてはすべて後継者Bさんに相続させることを盛り込みます。これは基本的な対策です。

② T社株式をA氏からB氏へ売却すること

　適正な価格で後継者BさんにT社株式を売却しておくことで、遺言では防ぎきれない遺留分の問題を発生させずにBさんに株式を所有させることができます。ただしこの時、Bさんに多額の買取資金が必要となる点に留意してください。

③ 遺留分の民法特例（除外合意）を活用すること

　生前にT社株式を後継者Bさんに贈与し、経営承継円滑化法を活用することで、自社株式については遺留分の対象に含めないとする民法特例「除外合意」を行うことが可能です。ただしこの除外合意を使うに当たっては、他の相続人であるCさんとDさんの合意を得なければならない点に注意が必要です。

【21】 自社株式を後継者へ！会社法を活用した承継の奇策

> ### 事案の概要
>
> 　設立から長い年月を経た老舗企業では、相続などのイベントも多く、代を重ねるごとに自社株式が親族に分散していく傾向にあります。自社株式の散逸は経営の安定性を損ないますので、事業承継では、できるだけ親族などへの自社株式の分散を防止して後継者に自社株式を集中させることが重要な課題です。
>
> 　そして、この自社株式の分散防止や後継者への集中に向けた事業承継対策として、会社法の活用があります。本項目では、財産のほとんどが自社株式であったために相続時の遺産分けに悩んでいた経営者が、会社法を活用して行った解決策を検討します。

◆業界トップの超優良企業社長と3人の息子

　AさんはS工業の創業者で、妻とは離婚しており、後継者の長男B、公務員の次男C、教師の三男Dという3人の息子がいます。S工業は超極細部品の製造業です。最先端の製造技術を得るために多額の研究開発投資を行う必要があり、そのせいで10年前までは債務超過状態に苦しんでいましたが、今では製造技術は業界トップクラスとなり、自己資本比率約

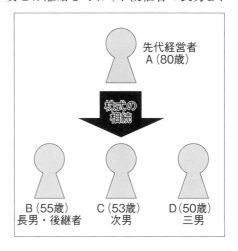

60％、売上高経常利益率20％の超優良企業となりました。Aさんは経営者というよりも技術者気質で、離婚の際には自社株式以外のほとんどの財産を妻に渡してしまい、現在は会社の倉庫を改造して寝泊まりしている状態です。

◆自社株式以外の資産がない！

　Aさんはある日、地元の商工会議所の会合で知人から、事業承継における一族の「争族」事例を聞きました。これまで事業承継対策には特に取り組んでこなかったのですが、改めて自分自身の相続を考えてみると、遺産の大部分は「自社株式」で、他にめぼしい財産がないことに気付きました。

　どのように子どもたちに財産を分けるべきか、Aさんの心に不安が生まれてきました。そこで、自分の死後に子供たちが円満にいくような方法について相談しに、筆者の事務所へ訪れました。

　Aさんの話を整理した結果、S工業の事業承継の問題点は次の3点でした。

---

①　S工業は超優良企業であり、自社株式の財基通の相続税評価額はかなり高い水準になっていること

②　Aさんの相続時に、3人の息子がそれぞれ法定相続分又は遺留分等の民法上の権利を主張すると、全員で自社株式を分け合うことになり、株式が分散して後継者Bの経営が不安定になる危険性があること

③　株式の分散を防ぐには、非後継者であるCとDに株式以外の資産を相続させる必要があるが、そのためには多額の現金か、現金に代わる資産を今から用意しなければならないこと

◆会社法を活用した自社株式集中の方策

　筆者はまずＡさんに質問し、Ｓ工業が「会社の定款に『株式譲渡制限条項』がある」、「自社株式の買取り金額が、会社の『剰余金配当可能額が限度』という財源規制（会社461①五）の範囲内である」という2点を満たしていることを確認しました。そして下記のような基本方針を立てました。

---

① 　会社の定款の見直しを行い、株主総会の特別決議を経て、定款に「相続人等に対する売渡しの請求条項」を設定する

② 　家族会議で子どもたちに作成した遺言書を見せ、相続時に自社株式をＢ：Ｃ：Ｄ＝6：2：2の比率で遺産分けすることを示す

③ 　ＣとＤの相続した自社株式については、株主総会の特別決議を経て、Ｓ工業が適正な値段にて「相続人等に対する売渡しの請求条項」に基づき買い取る

④ 　結果として、ＣとＤの相続した自社株式はＳ工業の自己株式（株主資本のマイナス）となり、ＣとＤは相当の現金を手に入れることができる

◆相続人等に対する売渡し請求とは？

　基本方針の①にある「相続人等に対する売渡しの請求条項（会社174）」について説明します。会社法では、会社にとって好ましくない者が株主として経営に参加するのを防ぐ目的で、相続や合併などにより株式を取得した者に対して、会社がその株式を売り渡すように請求できる旨を定款で定めることができます。対象となるのは、相続や合併のような「一般承継」で、株式の遺贈・死因贈与・贈与・譲渡などの「特

定承継」に含まれません（ただし「特定承継」は、S工業も設けている「株式譲渡制限条項」の対象になります。）。例えば定款での記載例は次のようなものです。

（相続人等に対する売渡しの請求）

第○条　当会社は、相続その他の一般承継により当会社の株式を取得した者に対し、株主総会の決議をもって、当該株式を当会社に売り渡すことを請求することができる。

（売渡し請求の手続）

株主総会の「特別決議」が必要となる。

（注）　売渡し請求の対象者はその決議については議決権の行使ができない。

つまり、BとCとDに会社法の上記のスキームを説明して理解してもらい、Aさんの相続の際に「相続人等に対する売渡しの請求」（会社174）を行うことで、自社株式の分散を防止するとともにCとDにも資金を残すことが可能となります。

実務上の留意点

1　定款を手直しして株式譲渡制限条項や相続人等に対する売渡し請求条項を活用すること

本項目のケースのような活用事例があります。

2　種類株式を活用すること

例えば、次のような「種類株式」（議決権や財産権等が普通と異なる株式）を用いて、議決権をコントロールすることが可能です。

・議決権制限株式の発行（会社108①三）

　　議決権制限株式とは、株式総会での特定の議決権が制限された株式のことです。後継者以外に議決権制限株式を相続させることで、後継者に議決権を集中できます。

・拒否権付種類株式の発行（会社108①八）

　　拒否権付種類株式とは、株主総会の特定の決議事項について、拒否権を有する株式のことで「黄金株」とも呼ばれています。現経営者が一定期間この株式を保持することで、後継者に信頼がおけるようになるまで、経営に睨みを利かせることが可能になります。

3　事前に推定相続人への十分な説明と事業承継対策への了解を得ておくこと

　会社法の活用は「争族」防止のためにあるものではありません。当事者がより理解して円満な事業承継を行うために活用することが大切です。

第4　事業承継を阻害する遺留分
＜第3章第4のポイント＞

1　遺留分

　「遺留分（民1042）」とは、民法上、最低限保障されている相続人の取り分であり、遺産の半分が「遺留分」となります。遺留分は被相続人（先代経営者）の意思にかかわらず、相続人全員が確保することができるため、他の相続人が過大な財産を取得し、自己の取得分が遺留分よりも少なくなった場合には、自己の遺留分に相当する金額の支払を請求することができます。

　推定相続人が複数いる場合、後継者に自社株式を集中して承継させようとしても、遺留分を侵害された相続人から遺留分に相当する金額の支払を求められた結果（「遺留分侵害額の請求」民1046）、自社株式が分散してしまうなど、事業継続の妨げとなる場合があり注意が必要です。そこで、「遺留分の民法特例」を活用することで自社株式の分散を防ぐことができます。

2　法定相続分と遺留分との関係

　民法の「遺留分」は次のように規定されています。

（遺留分の帰属及びその割合）

第1042条　兄弟姉妹以外の相続人は、遺留分として、次条第1項に規定する遺留分を算定するための財産の価額に、次の各号に掲げる区分に応じてそれぞれ当該各号に定める割合を乗じた額を受ける。

一　直系尊属のみが相続人である場合　3分の1

二　前号に掲げる場合以外の場合　2分の1

2　相続人が数人ある場合には、前項各号に定める割合は、これらに
第900条及び第901条の規定により算定したその各自の相続分を乗
じた割合とする。

法定相続分と遺留分の関係を表であらわすと次のようになります。

相　続　人		法定相続分	遺留分
配偶者と子	配偶者	1／2	1／4
	子	1／2	1／4
配偶者と父母	配偶者	2／3	1／3
	父母	1／3	1／6
配偶者と兄弟姉妹	配偶者	3／4	1／2
	兄弟姉妹	1／4	なし

3　民法における「遺留分の算定等」の規定

（遺留分を算定するための財産の価額）
第1043条　遺留分を算定するための財産の価額は、被相続人が相続
開始の時において有した財産の価額にその贈与した財産の価額を
加えた額から債務の全額を控除した額とする。
2　［省略］
第1044条　贈与は、相続開始前の1年間にしたものに限り、前条の規
定によりその価額を算入する。当事者双方が遺留分権利者に損害
を加えることを知って贈与をしたときは、1年前の日より前にし

　たものについても、同様とする。

2　［省略］

3　相続人に対する贈与についての第1項の規定の適用については、同項中「1年」とあるのは「10年」と、「価額」とあるのは「価額（婚姻若しくは養子縁組のため又は生計の資本として受けた贈与の価額に限る。）」とする。

（遺留分侵害額の請求）

第1046条　遺留分権利者及びその承継人は、受遺者（特定財産承継遺言により財産を承継し又は相続分の指定を受けた相続人を含む。以下この章において同じ。）又は受贈者に対し、遺留分侵害額に相当する金銭の支払を請求することができる。

2　［省略］

4　遺留分額算定の基礎となる財産額

　遺留分額算定の基礎となる財産額の計算は次のとおりです。

遺　留　分　の　対　象　と　な　る　財　産			
死亡時の相続財産	＋ 相続開始前1年以内の贈与	＋ 相続人への特別受益	－ 債務の全額

① 被相続人から相続人である後継者へのまとまった額の生前贈与分は、原則として「特別受益」と判断され、10年までさかのぼって遺留分の基礎となる財産に加えられる（民1044・903）。
② 事業承継税制を活用した後継者への自社株式の生前贈与もこの特別受益の対象となるのが通説です。
③ 遺留分を算定する際の財産の評価は判例上相続開始時とされている。（最高裁昭和51年3月18日判決（判例時報811号50頁））

5　民法の遺留分制度の課題

　贈与株式等が遺留分算定基礎財産に加算されてしまいます。

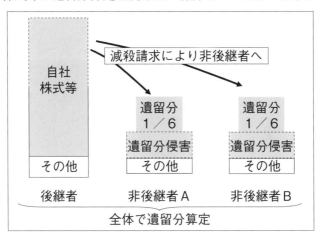

6　遺留分の民法特例

　正式には、中小企業における経営の承継の円滑化に関する法律（経営承継円滑化法）の遺留分に関する民法の特例といいます。

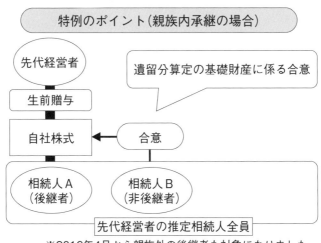

制度利用の主な手順は次のとおりです。

【制度利用の主な手順】

| 後継者へ集中的な生前贈与 | まず、後継者が議決権の過半数を超えるような贈与を行ってください。 |

| 推定相続人間の合意書作成 | 合意は法で定める推定相続人全員で行ってください。合意書の要件は経営承継円滑化法4条から6条を確認してください。なお、この時点で後継者は代表者でなくてはなりません。 |

| 経済産業大臣への確認申請 | 合意後1か月以内に中企庁財務課に申請してください。法令の要件に適合しているか審査が行われ（約30日間）、経済産業大臣から確認書が交付されます。 |

| 家庭裁判所への申立て | 大臣の確認日から1か月以内に家庭裁判所に申し立ててください。合意の真意性などについて審判が行われます。 |

合意の効力発生

【22】　息子の要求は「全自社株式」の生前贈与！税法と民法のリスクを排除せよ

> ### 事案の概要
>
> 　事業承継では、企業がこれまで培ってきた様々な財産が経営者から後継者に引き継がれるようにします。
>
> 　その対象は経営者の人脈や信用、熟練工の技術力、特許やノウハウなど目に見えにくい財産もありますし、自社株式や設備、不動産などの事業用資産や資金といった目に見える財産もあります。
>
> 　後継者へ引き継ぐ様々な財産のなかでも、特に「自社株式」は自社の経営権・支配権を有するために必要不可欠な財産です。
>
> 　現経営者は後継者に自社株式を円滑かつ確実に承継しなければなりませんが、重要な財産であるだけに、様々な問題を起こす原因になるのも自社株式です。本項目では、経営者の再婚をきっかけに浮上した、後継者への自社株式の贈与をめぐる法務と税務の「リスク」について検討します。

◆経営者（父）の「再婚宣言」に後継者の長男は…

　A氏は亡くなった妻との間に2人の子どもがいます。そのうち長男のB氏を、A氏が経営する会社の後継者として承継計画を進め、いよいよ事業を引き継ごうとした矢先に、予定外の出来事が起きました。A氏が30歳以上も年下の女性D子さんを見初め、彼女と再婚すると言い出したのです。再婚自体はめでたいことですが、父親が新たな配偶者を得ることで自社株式が分散するのではないかと不安を感じたのが後継者のB氏です。彼は再婚の条件として、「A氏が所有する自社株

式をすべて自分に贈与させる」ことを要求しました。

妻（すでに他界）　　A氏・現経営者
（65歳）　　　　　後妻D子
（32歳）

再婚

株式贈与　　再婚の条件は株式
を贈与すること！

次男C氏　　　　長男B氏・後継者
（34歳）　　　　　（38歳）

◆自社株式贈与についてまわる2つの難題とは

　A氏からB氏への自社株式贈与には周囲から反対も出ず、贈与自体はスムーズに進められそうでした。

　しかし実際に自社株式の贈与を行おうとすると、次のような法務と税務上の、2つの課題に直面することになります。

① 法務上の課題

　将来的にA氏が亡くなって相続が発生すると、後妻と次男Cに遺留分（民1042）があります。A氏の推定相続人は長男B氏、次男C氏、そして後添えで配偶者となるD子さんの3人です。仮にA氏が、B氏への経営権の集中を前提とした遺言を残したとしても、民法上の規定として、後妻D子さんは遺産の4分の1、C氏には8分の1の遺留分侵害額を請求する権利（民1046）があります。

　そして本項目のような特定の相続人に対する生前贈与は「特別受益」として、遺留分侵害額の請求（民1046）の対象となる「基礎財産」に含まれています。現時点で2人からB氏への贈与に対する反対の声は出

ませんでしたが、将来は予測できません。せっかく生前に自社株式の贈与を行っても、相続発生時に遺留分侵害額の請求をされて、取り戻される可能性があるのです。

② 税務上の課題

　自社株式贈与への贈与税（相法21〜21の8）に関する課題があります。A氏が自社株式を贈与すると、B氏に贈与税（相法21〜21の8）が課されます。暦年課税贈与（相法21〜21の8）を選べば、基礎控除額110万円を差し引いた残額に最高55％の累進税率がかかり、相続時精算課税贈与（相法21の9〜21の18）を選んだとしても、2,500万円の特別控除額を差し引いた残額に20％の税率の贈与税（相法21〜21の8）がかかります。どちらにせよ後継者であるB氏に多大な税負担を課す結果になります。

◆民法と税法の課題それぞれで使える特例

　これらの課題に対して、筆者は民法と税法の課題にそれぞれ使える2つの特例の利用を提案しました。

1　遺留分の民法特例（除外合意）

　経営承継円滑化法では、相続に関わる全員の合意があれば、ある財産を遺留分（民1042）の対象となる基礎財産から外すことができます。本項目のケースであれば、後継者B氏がA氏より生前贈与で取得する自社株式について、A氏、B氏、C氏、D子さん全員の合意の上で、経済産業大臣の確認を取り家庭裁判所の許可を受けることで、贈与される自社株式のすべてを遺留分侵害額の請求（民1046）の対象から除外できます。

2　事業承継税制（非上場株式等についての贈与税・相続税の納税猶予及び免除制度）

　事業承継に関する計画（特例承継計画）を本店所在地の都道府県に

申請し、認定を受ければ、その計画に基づく贈与は原則として贈与時において納税猶予することができます。

　この事業承継税制については、2018年度税制改正で創設された「事業承継税制（特例措置）（措法70の7の5①・70の7の6①）」により発行済議決権株式総数のすべてが対象となり、また相続税（相法11〜20の2）・贈与税（相法21〜21の8）も全額が納税猶予されることになります。

実務上の留意点

1　遺留分の課題は経営承継円滑化法を活用すること

　遺留分の民法特例を活用することで遺留分（民1042）による紛争や自社株式の分散を防ぐことができます。

　なお、遺留分の民法特例（経営承継円滑化法）は、経営者が生前のうちに推定相続人間で「除外」の合意書を作成し、これを経済産業大臣に確認申請し、確認書が交付されれば、これを家庭裁判所へ申し立て、認められれば効力が発生します。

2　自社株式の課題は事業承継税制を活用すること

　事業承継における後継者への自社株式の贈与や相続の場面では、法務面と税務面との2つの課題が存在し、これらを総合的に考慮して解決することが重要となります。

【23】　遺言でも安心できない！民法の遺留分の落とし穴

事案の概要

　亡くなった方（被相続人）が遺言書を作成していない場合、遺産をどう分配するかは相続人全員の遺産分割協議（民907）によって決めることになります。遺産分割協議（民907）の成立には相続人の全員一致の合意が必要となるため、相続人の中に1人でも異議を唱える人がいれば協議は成立せず、家庭裁判所での調停・審判などの手続が必要になります。そうなってしまうと多くのケースでは遺産分割協議（民907）が長期化し、「法定相続分（民900）」に従うことになるでしょう。後継者は経営の安定に必要な自社株式や事業用資産を取得することができず、家族関係にも禍根を残すことになります。このような事情を踏まえると、円滑な事業承継のためには遺言書の作成が不可欠だといえるでしょう。

　しかし実は、遺言書を作成したからといって、亡くなった経営者（被相続人）の思いどおりの遺産の分割が行えるわけではありません。相続人には「遺留分（民1042）」という権利があるからです。

　本項目では、遺言書が作成されていたにもかかわらず、他の相続人から「遺留分侵害額の請求（民1046）」をされたトラブル事例を検討します。

◆承継の準備を完璧に行ったはずが…

　ある中堅企業の後継者からの相談でした。先代経営者である父親Aはすでに亡くなっていますが、生前に自社株式100％を、後継者である長男Cに対して贈与していました。他の事業用資産についても遺言書

を作成して長男Cに引き継ぐ旨を
明記し、円滑な事業承継の準備を
行ったつもりだったそうです。

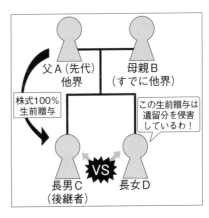

　ところが先代の死亡後に、長女
Dが「遺言の内容に納得できない。
遺留分侵害額の請求を行う」と言
い放ち、さらには「Cに生前贈与
された自社株式についても、遺留
分の侵害をしているので権利を主
張する」との書面を送ってきたのです。

　長男Cによれば、父親Aからの自社株式の贈与は死去する5年ほど
前に行われたものであり、すでに贈与税（相法21～21の8）も納付してい
るそうです。

　彼は憔悴した表情で、「この生前贈与についても、今さら妹が遺留分
侵害額の請求を行うことができるのでしょうか」と筆者に相談してき
ました。

◆事業承継で問題となる「遺留分」って何？

　遺留分（民1042）とは配偶者や子、父母など一定の範囲の法定相続人
に認められる、最低限の遺産を取得できる権利のことです。民法は、
遺言による相続分の指定（民902）で相続割合を自由に決定することを
認めていますが、ただし書きで「遺留分に関する規定に違反すること
ができない」と規定しています。

・遺留分（民1042）とは

　遺言による相続分の指定（民902）にも勝る相続人に残された最低
限の相続分です。次のポイントに留意しましょう。

① 遺留分侵害額の請求（民1046）をして初めて効力が生じる
　（注）　遺留分を侵害している遺言による相続分の指定（民902）
　　　　にも有効
② 侵害請求しない遺留分者の相続分は受遺者（遺言で財産をもら
　った人）に帰属する
③ 相続開始の時から侵害請求すべき贈与又は遺贈があったことを
　知った時から1年、知らなくても10年が経過すれば時効で消滅す
　る
④ 侵害請求は内容証明で行うことがベストである
　（注）　相手が行方不明で公示送達の必要があれば早くする
　（注）　遺言の有効無効で争う場合でも侵害請求を出し時効を止
　　　　めておく
⑤ 遺留分権利者等は、受遺者又は受贈者に対し、遺留分侵害額に
　相当する金銭の支払を請求することができる
⑥ 相続放棄は被相続人の生前にできないが遺留分放棄は生前にで
　きる
⑦ 第3相続順位の兄弟姉妹には遺留分はない
⑧ 登記原因が相続（直近）での不動産売買は遺留分に注意が必要

　権利を侵害された人が遺留分（民1042）を請求するには、自ら権利主
張をしなければなりません。たとえ遺留分（民1042）を侵害する内容の
遺言による相続分の指定（民902）があっても、侵害された相続人が異
論を唱えなければ、その遺言による相続分の指定（民902）はそのまま
有効となります。

　さらに遺留分（民1042）は、死亡時の相続財産だけではなく、相続人
である後継者へのまとまった額の生前贈与分についても、原則として
「特別受益」として遺留分（民1042）の基礎となる財産に加えられます。

　流行の事業承継税制を活用した後継者への自社株式の生前贈与についても、この特別受益の対象となるのが通説ですので、本項目のケースでは5年前に贈与された自社株式が遺留分侵害額の算定の対象に含まれることとなります。

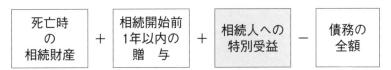

> | 死亡時の相続財産 | ＋ | 相続開始前1年以内の贈与 | ＋ | 相続人への特別受益 | － | 債務の全額 |

実務上の留意点

1　遺言作成に当たっては、推定相続人の遺留分に留意すること

　詳しくは法務局のホームページ又は弁護士等の専門家にお尋ねください。本項目のケースは5年前の生前贈与であったため、改正前でも改正後でも、どちらにせよ遺留分（民1042）の対象となることは避けられなさそうです。長男Cには気の毒ですが、妹さんを説得できない限り、遺留分（民1042）の行使を止めることはできません。

2　事業承継において、経営者は各推定相続人の遺留分を考慮した財産構成にすること

　推定相続人の中に長女Dのようなトラブルメーカーが存在するなら、遺留分（民1042）まで考慮した遺言書を作成したり、遺留分侵害に相当する金銭をあらかじめ準備したりしておくことが大切です。

第４章　財務上の課題とその対応策

＜第４章のポイント＞

事業承継による財務上の課題と対応策については次のような事項があります。

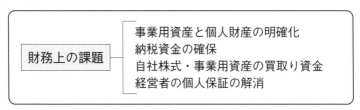

財務上の課題 ── 事業用資産と個人財産の明確化
納税資金の確保
自社株式・事業用資産の買取り資金
経営者の個人保証の解消

1　財産の洗い出しと整理

事業承継の財務上の課題を解決するためには、まず最初に会社を取り巻く現状を正確に把握することが重要です。その中で特に重要な内容は、会社の事業用資産と経営者個人の財産とを明確に把握して区分することです。会社や個人の財産・債務を洗い出して、事業承継の対象資産と個人に帰属させるべき資産とに明確に区分します。

また、場合によっては、会社と個人間の売買を検討します。

そこで、次のような検討表を用いて、経営者の個人資産と会社資産との現状把握を行いましょう。

種　別	事業に利用		価額	備考
	している	していない		
有価証券		○	××	
（Ａ土地）	○		×××	
（Ａ建物）	○		×××	
（Ｃ土地）		○	×××	
（Ｃ建物）		○	×××	

ゴルフ会員権	○		××	
絵画・貴金属等		○	××	
会社への貸付金	○		××	

2　不動産等の事業用資産の保有形態の検討例

　① 　経営者が所有していて会社が利用する場合

　　⇒会社所有へ切り替える

物件名	今後の対策予定
A土地	・現状の賃貸借関係を解消し、3年後を目途に経営者から会社へ売却する ・会社の行動計画 (資金)○○百万円は○○銀行から借り入れる (損益)賃料減少効果により年○○万円の費用が減少する見込みである ・経営者の行動計画 (損益)A土地の売却により、売却益○百万円が発生する見込みである (資金)売却代金○○百万円−予想税額○百万円 　　　＝手取り額○○百万円

　② 　会社が所有していて経営者が利用する場合（役員社宅等）

　　⇒経営者所有へ切り替える

物件名	今後の対策予定
B土地	・オーナーとの賃貸借関係を整理し、3年目を目途に会社から経営者に売却する ・A土地の処分とセットで行う

　この省令において「事業用資産等」とは、中小企業者の事業の実

施に不可欠な不動産（土地（土地の上に存する権利を含む。）又は建物及びその附属設備（当該建物と一体として利用されると認められるものに限る。）若しくは構築物（建物と同一視しうるものに限る。）をいう。以下同じ。）及び動産並びに当該中小企業者に対する貸付金及び未収金をいう。　　　　　　　　（経営承継円滑化法施行規則1条⑬）

3　経営者の個人保証問題について「経営者保証ガイドライン」の活用

　中小企業などが銀行などの金融機関から借入を受けるとき、融資条件の一つとして、経営者が連帯保証人となる「経営者保証」を契約することがあり、この経営者保証が経営者の負担になる場合が多く見受けられます。そこで、平成26年2月から適用されている「経営者保証ガイドライン」を活用することで、経営者保証なしでも、融資を受けられる道が示されています（中小企業庁ウェブサイト：https://www.chusho.meti.go.jp/kinyu/keieihosyou/）。

経営者保証ガイドライン	
会社側に求められる条件	金融機関に要求できる条件
・法人と個人の分離 ・財務基盤の強化 ・適時適切な情報開示	・経営者保証の機能を代替する融資手法の検討 ・保証契約の必要性に関する丁寧かつ具体的な説明 ・適切な保証金額の設定

【24】　「儲からない事業はマンション賃貸に！」家族の絆に亀裂を入れた提案

事案の概要

　事業承継の前提条件として、「承継する事業に価値があり、事業の存続が可能であること」が挙げられます。しかし時代の変化とともに、親の事業が必ずしも次の世代まで続けられるとは限らず、事業の存続自体が難しくなるケースも多く見受けられます。また、事業を続けていきたいという後継者の想いとは裏腹に、他の推定相続人たちが必ずしも事業継続を望まないこともあります。本項目では親から引き継いだ事業の存続をめぐって、後継者とその姉、さらには母親との間で意見の対立が生じたトラブルを検討します。

◆引き継いだものの…

　平成堂（仮名）は大正時代から続く老舗の時計屋（修理・販売業）です。先代（父親）はすでになくなり、母Ａ子さん、長女Ｂ子さん、長男Ｃ男さんの3人家族で、現在はＣ男さんが事業を受け継いでいます。しかし祖父や父親の時代はともかく、現在では時計の修理を頼む人はほとんどいなくなり、また量販店で安価な時計が売られていることから、経営は採算割れの状況となっていました。このような状況のなか、平成堂の土地を所有している母Ａ子さんのもとに地元の金融機関（Ｄ銀行）から次のような提案がありました。

　「Ｃ男さんの事業は時代の流れに取り残されています。この際、廃業して店が建っている土地と隣の駐車場も合わせた200坪を更地にし、Ｄ銀行から4億円を借りて賃貸マンションを建設しましょう。そのほ

うが相続税対策としても将来の収入源としても有効ではないでしょうか」と。

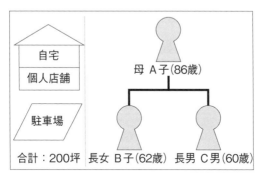

◆提案を受けて割れた姉弟の意見

　現在の事業をつぶして賃貸マンションを建てるというD銀行の提案を受け、家族の意見は分かれました。

①　長女B子さんの意見

　D銀行の提案に賛成である。A子さんの相続が発生した時に、今の状態では多大な税負担がかかる。いつまでも儲からない事業にしがみつくのではなく、この際C男の事業を廃業させ、すべて賃貸にした方が将来に財産を分割する上でもよいのではないか。

②　長男C男さん（後継者）の意見

　D銀行の提案には反対である。父から引き継いだ事業の継続を望んでいる。事業の展望として、現在の時計修理業から眼鏡販売業への新規事業の展開も検討していて、決して将来は暗くない。

③　母A子さんの意見

　賛否はともかく、D銀行の提案にとても不安を感じている。いくら相続税対策と言われても、この歳になって4億円も借金する

のは気が重く、返済できなければ土地・建物をすべて失うことに
もなりかねない。できることなら、事業を継いでくれたC男の気
持ちを考え、事業を継続したいという想いに応えてあげたい。

　家族会議を重ねても意見が対立して結論が出ないことから、彼らは
専門家の意見を求めて筆者の事務所にやってきました。

◆銀行の説明をどこまで信じられる？

　筆者は家族3人から時間をかけて話を聞き、状況を整理して、問題点
を抽出しました。

①　4億円の借金に対する不安

　　土地の所有者である母A子さんにとって最大の懸案事項は、相
続税対策とはいえ4億円の借金をすることに非常に不安を感じて
いる点です。他の家族も同様で、D銀行の提案自体には乗り気な
長女B子さんでさえ、銀行が説明する「家賃収入で借入金が返済
できる」という点に間違いがないのかを知りたい様子でした。

　　この点につき、筆者はD銀行が提案してきた内容などを詳しく
聞き取った上で、「テナントが空くなどの理由で家賃単価が下が
るリスクや、借入金の金利が今後上がってくる可能性など、D銀
行の提案には将来における不透明な点が多すぎるのではないでし
ょうか？」と指摘しました。

②　事業継続についての協力体制

　　母A子さんは、採算が合わなくても、昔からのこの場所で事業
を行い、生活を続けたいと希望しました。それに対して長女B子
さんは、時計修理業は時代遅れであり廃業すべきと主張しました
が、一方で眼鏡販売業などの新規展開がうまくいくのであれば事

業継続に反対しないとのことでした。ただし将来の相続において
は、自分もある程度の金品をもらいたいとの本音ものぞかせてい
ました。

　整理してみればシンプルですが、それぞれの言いづらい本音や見栄
などもあり、これらの課題を整理するのに3か月以上の月日がかかり
ました。それでも家族が意見を率直に出し合い妥協点を見つけること
は相続対策において最重要であり、この3か月は有意義な時間だった
と考えます。

◆家族全員が求めた相続対策の答え
　その後も家族間で協議を重ねた結果、3人全員の希望を入れつつ、事
業継続と資産形成を両立させる次のような結論にいたりました。

---

① 　200坪の土地のうち、100坪を売却する
② 　売却の資金の一部で残りの100坪に店舗併用アパート兼自宅を
　　建築する、またその際、できる限り建築費を抑えた造りにする
③ 　B子さんへの相続分を考慮して、売却代金の一部を定期預金に
　　しておく
④ 　アパートの家賃収入は母A子さんに帰属するとともに、平成堂
　　も今後はきちんと家賃を払う

実務上の留意点

1　先代経営者の周囲の利害関係者からの理解と協力が不可欠
　事業承継において大切なことは、家族全員が満足するかたちで課題
を解決することです。将来に不安を残す相続税対策は後に取り返しの

つかない事態を招きかねません。

　本項目では、不動産を半分処分したので承継した財産を減らす形にはなりましたが、多額の借入れ負担を回避し、自己資金で事業の再構築を行えるチャンスをつかめました。

2　事業承継の前提は事業そのものに「事業価値」があり、その事業が存続可能であるかどうかが重要

　事業承継では「事業」が激しく変わる環境の変化に適合するように絶えず自分の事業を軌道修正することが大切です。

【25】　連帯保証人は絶対にイヤ！「経営者保証ガイドライン」で承継に活路を

事案の概要

　中小企業が金融機関から融資を受けるに当たっては、経営への規律付けや信用補完の観点から、経営者個人の連帯保証を求められることが慣行のようになっています。

　事業承継の場面でも、経験やノウハウに乏しく、個人財産の蓄積も少ない後継者が事業を承継することを理由に、先代経営者の個人保証を解除しないどころか、さらに上乗せして後継者にも個人保証を求めるケースが往々にして見受けられます。そのため最近では事業を承継しようと後継者を探しても、後継者やその配偶者が個人保証に対して強いアレルギー反応を起こして、円滑な事業承継の大きな障害になっているという事例も見受けられます。

　本項目では、経営者から後継者に推薦された従業員が、個人保証をめぐって妻から猛反対を受けてしまった事例を検討します。

◆ある社長候補の深刻な悩み

　知人の紹介で、ある建設会社の後継者が筆者の事務所まで相談に訪れました。

　「私は平成建設という建設会社の専務Kです。この度、先代（経営者）に認められて、来年の決算後に代表取締役に就任する予定です。事業を引き継いだ先代は会長になります。

　しかし事業承継の準備を進めるうちに、金融機関であるS信用金庫から会社の借入金の個人保証に先代だけでなく私も加わることを求められました。そのことを妻に相談したところ、猛反対を受け、しまい

には私が連帯保証人になるのなら離婚するとまで言われました。確か
に、家庭があることを考えれば、会社の連帯保証人になるのは荷が重
すぎるという気もしますが、その反面、このチャンスを逃したくない
という強い気持ちもあります。

　いまさら事業承継の話を白紙にはできませんし、かといって離婚も
避けたいです。いったいどうしたらよいのでしょうか？」と。

　K専務の相談内容はおおむね上記のような内容でしたが、筆者はど
うしたものかと困惑しました。

　通常社長となるのであれば、会社の債務に対して個人保証をするこ
とは当たり前と思っていましたが、若い世代の考えはそうではないと、
いまさらながら世代ギャップを感じました。

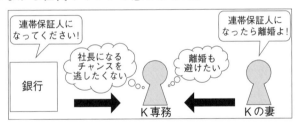

◆個人保証を外せる「経営者保証ガイドライン」の活用

　K専務の相談からは、先代に認められたチャンスを逃したくないと
いう気持ちと、個人保証などの責任の重さに対する不安や心配がせめ
ぎあっている様子がうかがえます。彼のように、経営者の個人保証や
担保を金融機関が求めてくるこ
とは、中小企業の事業承継時の
大きな課題の一つとなっていま
す。

　こうした課題を解消するため
に定められたのが、「経営者保
証ガイドライン」です。

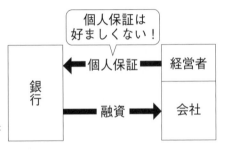

企業側に求められる条件	金融機関に要求できる条件
「経営者保証ガイドライン」を活用して経営者の個人保証をなくすためには、企業側として次の3つの条件を満たす必要があります。 ①　法人と個人の分離 　役員給与や配当といった会社と経営者の間の資金のやりとりが、「社会通念上適切な範囲」を超えないようにする体制を整備し、公私混同がないようにしなければなりません。 ②　財務基盤の強化 　会社の財務状況や業績の改善を通じた返済能力の向上に取り組み、信用力を強化することが必要です。 ③　適時適切な情報開示 　金融機関などからの情報開示要請に応じて、資産負債の状況や事業計画、業績見通しやその進捗状況などの情報を正確かつ丁寧に説明することで、経営の透明性を確保することが求められます。	企業側と同様に、金融機関にも「経営者保証ガイドライン」に沿って対応することが求められます。 ①　経営者保証の機能を代替する融資手法の検討 　金融機関は、経営者から個人保証を取らないような、代替する他の融資手法を検討しなくてはなりません。 ②　保証契約の必要性に関する丁寧かつ具体的な説明 　どうしても経営者の個人保証を必要とするなら、会社と保証人に対して、その理由を丁寧かつ具体的に説明することが必要です。 ③　適切な保証金額の設定 　保証金額と融資額を同額にせず、保証人の資産や収入の状況、会社の信用状況、物的担保等の設定条件を総合的に勘案して、適切な範囲額で保証金額を設定することが求められています。

◆「経営者保証ガイドライン」活用の例示（S信用金庫の実例）

1　第1回目のS信用金庫との交渉

　平成建設の応接室にS信用金庫の支店長と融資課長を招いて、第1

回目の経営者保証の解除の交渉をスタートしました。

　表の左側が平成建設の主張で、右側がそれに対するＳ信用金庫の反論です。両者とも主張するだけで、物別れに終わってしまいましたが、いくつかの問題点が見えてきました。

平成建設側の主張	Ｓ信用金庫側の主張
・今まで借入金の返済に滞ったことがない。 ・会社の財務内容も健全である。 ・そのため、Ａ社長の個人保証を解除してもらいたい。 ・またＫ専務が社長になる場合も、個人保証をなくして欲しい。	・Ａ社長は高齢であり、Ｋ専務の経営者としての資質も未知数なので、両者の個人保証は当分の間必要と考える。 ・返済を滞ったことはないが、経常利益がマイナスの期もあった。 ・平成建設には安定的な収益力と企業体質の充実が必要である。

　そこで、筆者と会社側、そしてＳ信用金庫は、今後の取組として次のような事項を合意しました。

---

① 「経営者保証ガイドライン」に沿って、「経営改善計画」を作成し実行する
② 毎期、経営改善計画の実績をＳ信用金庫に報告し、適時適切な情報の透明性を図る
③ 今後、Ｓ信用金庫と平成建設との財務情報の見える化について、顧問の会計士が関与する

2　第2回目のＳ信用金庫との交渉
　第1回目の交渉を踏まえて、平成建設において「5年間の経営改善計画書」を作成し、下記事項を達成することを掲げました。
　① 「財務基盤の強化」に関する点

・当社の収益力で借入金の返済が十分可能であるような利益目標を

設定する

⇒債務償還年数8年以内、借入金月商倍率6か月以内を達成する

・内部留保を充実させ、企業体質の強化を図る

⇒自己資本比率40％以上を達成する

・5年間連続黒字ベースの決算を行う

⇒売上高経常利益率4％以上を達成する

（注）　上記の進捗状況については、顧問の会計士が立会いのもと、定期的にＳ信用金庫に報告する

② 　「財務状況の正確な把握」に関する点

・Ｓ信用金庫との信頼関係を構築するため、年に1回の決算報告書（貸借対照表、損益計算書、勘定科目明細等）のみならず、試算表・資金繰り表等の定期的な報告等を行う

・中小企業では作成が任意となる「事業報告」を、決算における特殊事情や来期の経営課題等について、社長自らが作成し、Ｓ信用金庫に提出する

・「月次試算表」と「3か月先までの資金繰り予実算表」を作成し、Ｓ信用金庫の求めに応じていつでも提出できるようにする

・中小企業庁の中小企業会計ツールに基づく様式で、キャッシュフロー計算書を作成し、定期的にＳ信用金庫に提出する

③ 　「適時適切な情報開示等による経営の透明性確保」に関する点

・今後は毎期、定時株主総会を開催する

（注）　金融機関にオブザーバーとして立会いを求める

・経営改善計画に基づく社内会議において、必要に応じてＳ信用金

庫担当者の臨席を求める

　S信用金庫からは上記の経営改善計画の内容について、計画よりも実績を確認してから再度検討するとの回答をいただき、結果的には、第2回目の交渉も物別れに終わりました。

3　数回のS信用金庫との交渉を経て、最終的な交渉

　経営改善計画がある程度目標どおりの実績を出したことを機に、再度交渉の機会を持ち、結果的に次のような結論になりました。

平成建設とS信用金庫の合意内容

① 会社の経営改善計画の今後の実行状況を見守りながら、両者の協議を継続する

② 後継者（K専務）の個人保証は当面の間、保留にする

③ 経営改善計画どおりに会社の財務状況等が改善された場合には、K専務のみならず、A社長の個人保証も必要がなくなる

④ S信用金庫として既存の融資については、経営者保証の解除が難しいので、融資の更新時期に、新規の融資案件から個人保証なしの融資に切り替える

⑤ 顧問の会計士が積極的に経営改善計画の実績報告に関与してもらう

　本項目の交渉を通して、金融機関は既存の融資についての変更はすでに融資の稟議が決裁されていることから、解除等の変更を避ける印象を受けました。そのために、新規の融資から経営者の個人保証を外す交渉の方が受け入れられやすいと感じました。

実務上の留意点

1　一度ダメでもあきらめない！

本項目のケースでは、まず「経営者保証ガイドライン」に沿って会社の磨き上げを行い、その上で個人保証なしの融資を受けられるよう金融機関にチャレンジすることでよい結果につながりました。1回でうまくいかなかったとしてもあきらめないで、2回、3回と根気よくチャレンジしてみてください。

2　金融機関を味方として協調しながら交渉を進めること

「経営者保証ガイドライン」に基づき、取引先の経営者の個人保証を解除することのメリットを金融機関に認識させることが重要です。

ある信用金庫の常務理事によると、「経営者保証ガイドライン」に基づいて、積極的に経営者の個人保証を解除することによって、次のようなメリットがあるとお話しされていました。

・金融庁や社会的信頼性の好転
・金融機関の体質強化
・事業性を図ることで、お客様とより深い信頼関係の構築
・取引先企業の「見える化」の推進
・職員に事業性評価の目線を研修し、能力向上を図る
・他行との差別化のチャンス
・積極的な取引先企業の取り込み

3　個人保証の解除は、「経営者保証ガイドライン」に基づいて、会社の努力と金融機関の理解と専門家の支援があってはじめて成果を上げることができるもの

【26】 マイナンバー対応で巨額の名義預金が発覚

事案の概要

　顧問先から知人の女性が困っているので相談に乗ってほしいとの依頼がありました。早速面談日を決めて事務所まで来てもらい、話を伺ってみたところ、次のような相談内容でした。

　「私は、実家の父が他界した際に相続したお金（約1億円）を夫に知られたくないために、今までA銀行に妹の名義で預けていました。最近になってマイナンバー制度が銀行口座にも及ぶのではないかと言われたので、妹名義の預金を自分の名義に戻そうとしたところ、A銀行から預金の名義を妹から自分に移すと莫大な贈与税（相法21〜21の8）がかかるおそれがあると言われました。しかしこのまま放っておくと、1億円のお金がそのまま妹の財産となってしまうことになります。どうしたらよいでしょうか」と。

　彼女の目の下には隈（くま）があり、相当思い悩んでいることが見て取れました。

◆「名義預金」問題解決に向けて

　この相談のポイントは、「名義預金を真正な所有者に名義変更できるか」という点です。そのためには、対象となる預金口座について、妹の名義を借りた預金の真正な所有者が姉本人であることを立証する必要があります。

　筆者は本人や妹への聞き取りなどで次のような点について確認を行いました。

① 妹の名義で預金を作った動機又は事情に合理的な妥当性があっ

たか？

　名義預金設定当時、夫の女癖と浪費癖がひどく、そのため夫婦仲も最悪の状況であった。そうした状況のもと、実父から相続した財産を夫に奪われないための緊急避難として妹の名義を借りて預金していた（立証資料として本人の「名義預金の開設及び管理に関する経緯説明書」）

②　妹の名義を借りた預金の事実を妹はどのように認識していたのか？

　妹は自分名義の預金通帳を作成したということを後になって知らされた。事実を知らされた際に事情を聴き、現在は姉を気の毒に思い、自分（妹）の名義を使うことに同意した（立証資料として妹の「名義を貸した預金であったことの確認書」を作成し、妹の署名押印をもらいました。）

③　預金の資金源泉は本人か？また、本人に資金の裏付けとなる財産の蓄積があったか？

　実家の父の相続で遺産を1億円余り相続したことは「相続税の遺産分割協議書」により預金の出所についてもその遺産を原資とした「タンス預金」から出されたことが明白になった（立証資料として本人の実家の「遺産分割協議書」の写しを入手しました。）

④　預金通帳と印鑑の管理並びに預金の出し入れなどの運用は本人が行っていたか？

　妹の名義となっている預金口座についてA銀行担当者に経緯などを確認した結果、入金処理は担当者が姉本人の自宅へ集金に来ていたことが分かった（立証資料として「預金通帳の入金・出金記録」、「各入金項目の源泉、各出金項目の使途を示す明細書」などを作成しました。）

　以上、姉本人や妹、銀行担当者からの聞き取り、関係資料などを慎重に精査した結果、筆者は真正なる所有者は姉本人であることを立証し、名義変更もできると判断しました。

実務上の留意点

　事業承継の支援業務を行っていると、本項目のような「名義預金」や、場合によっては「名義株式」などの存在によく出くわします。それぞれに名義を借りる事情があるのだろうとは思いますが、こうした名義借りは結局後に大きなトラブルを招く火種になります。

1　安易に名義預金を作らないこと

　他人名義の預金として放置すると、相続税（相法11〜20の2）や贈与税（相法21〜21の8）などの税負担が生じる危険性があります。

　また場合によっては、自分の預金そのものが他人の所有になる危険性があります。トラブルを防ぐためには、そもそも「名義預金」や「名義株式」を作らないことが大事です。

2　名義預金が存在する場合は速やかに専門家に相談すること

　「名義預金」が存在するときは早めに真正な所有者に名義を戻すことはもちろん、後日のために立証できる資料を作成しておくことが重要です。名義預金そのものの立証資料等、専門的な資料の作成には専門家の知識が必要不可欠です。

【27】　銀行という名の黒船来航！持株会社への移行は正解か失敗か

事案の概要

　2015年1月に相続税（相法11〜20の2）が増税されたことで、これまで相続対策というものに無縁だった人でも、何らかの措置を講じる必要が出てきました。

◆持株会社設立で後継者の負担ゼロに？

　ある時、M社の社長のAさんが、知人の紹介で筆者のもとへ相談に来ました。話を聞いてみると、彼の息子で、将来の後継者であるB氏が、銀行のセミナーを受けた際に「持株会社」を使った事業承継対策を勧められたというのです。持株会社を使った事業承継対策は、ここ最近になって浸透してきた方法です。そのやり方は、基本的に次のような手順を踏みます。

① 　後継者であるB氏が代表となって、持株会社（Mホールディングス）を設立する
② 　Mホールディングスは、持株会社方式を提案してきた銀行から、株式購入資金の融資を受ける
③ 　融資されたお金を使って、MホールディングスはM社の株主からM社株式を購入する
　（注）　この時、M社株主には譲渡所得の20.315％の譲渡所得税がかかる
④ 　Mホールディングス（B氏）は、M社の株主として毎年多額の配当を受ける

（注）　この際、受取配当金の益金不算入制度により、Mホールディングスが受け取る受取配当金は益金に算入されないため、全額課税されない

⑤　Mホールディングスは、そうしてM社から受け取った配当金を原資として、銀行に融資額の返済を行う

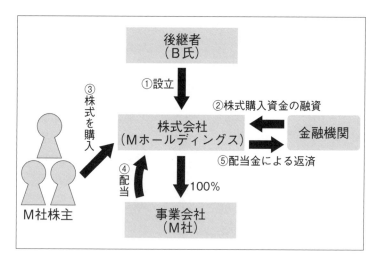

　こうした手順を踏むことで、後継者B氏は自分で資金を負担することなく、持株会社Mホールディングスを通じてM社株式を間接的に所有できることになります。銀行はその際に自社株の購入資金として多額の融資を貸し付けられるため、B氏にこのような方法を勧めてきたというわけです。

　息子のB氏から持株会社方式の提案を受けたAさんは、まず顧問税理士に相談したといいます。すると顧問税理士の先生から「持株会社方式は比較的新しいスキームであり、税務上の安全性を見通せない」と実行に反対されたため、AさんもB氏に対して慎重に検討するよう主張しました。しかしB氏は「メーンバンクの勧めなので安全確実だ。

すぐにでも実行したい」と不満を募らせ、両者の溝がどんどん広がっ
てきたため、困り果てたAさんがセカンドオピニオンを求めて筆者の
意見を聞きに来たのでした。

◆持株会社方式による事業承継スキームの具体的な実例

1　後継者が資本金10万円の会社を新設する

（手順1）
後継者Bが100％出資して、資本金10万円の会社を設立す
る。
（注1）　資本金はいくらでもよい
（注2）　現経営者の意向、事業承継計画の進行状況等をしっかりと
　　　　斟酌して、当初は「現経営者と後継者が6対4程度の割合」で
　　　　出資して持株会社を設立する場合も考えられる

---

①　会社名は、Mホールディングス
②　事業目的は、○○製造業…の他、「事業会社M社のシス
　　テム管理及びその会社の株式を保有することにより、事
　　業活動を支配・管理すること」を加える
　　　（注）　Mホールディングスの事業目的を明確にすることがポ
　　　　　　イント。（租税回避目的とならないこと）
③　株主及び役員は、後継者1人。取締役の任期は10年

2　金融機関よりM社株式の購入資金を借り入れる

（手順2）
MホールディングスのM社株式の購入価格は時価になるた
め、M社株式の時価を試算した上で銀行よりの借入額を決
定する。
（注）　過度の資金負担にならないよう返済スケジュール等の確認

> 等、実行前に十分なシュミレーションをすることが必要となる。

Mホールディングス　←　355百万円　銀行

事業会社M社と役員が連帯保証を行う。

（注）　この際、M社の株式の時価を顧問税理士に算定させることになります。

（銀行との融資に関する基本条件）

- ・契約形態／融資金額→証書貸付／355百万円
- ・借入金利→基準金利＋α
- ・借入金返済期間7年間
- ・ノウハウ手数料
  - ⇒Mホールディングスは、「本融資契約」に関連し、以下の業務を「銀行」が行ったことの対価として手数料を支払う。→契約金額の3％相当額（消費税別／初回の融資実行時に一括支払）
- ・口座管理手数料
  - ⇒初年度が150万円、次年度以降は100万円を支払う
- ・諸費用
  - ⇒弁護士費用・印紙税・消費税を含め、すべてMホールディングス負担

3　MホールディングスがM社株主から株式を購入する

（手順3）
M社：株式譲渡の承認
Mホールディングス：M社株式の取得
M社株主：株式の譲渡所得（分離課税）

（注）　所得税15％＋住民税5％＋復興特別所得税15％×2.1％＝
　　　　20.315％

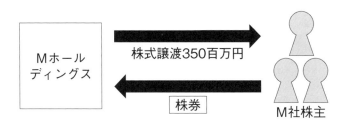

（注1）　M社は定款に「株式譲渡制限条項」の規定があったため、M
　　　　社の取締役会の承認手続を行いました。

（注2）　譲渡先の個人株式には、譲渡益に対して20.315％の譲渡所
　　　　得税等が課税されます。

（M社株主の一部が株式の売却を拒否した場合の対応）

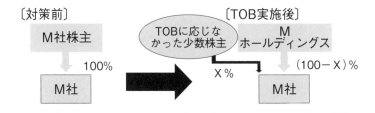

　①　相続人等に対する売渡し請求の活用（会社174〜177）
　②　全部取得条項付種類株式の取得の活用（会社171〜173）
　③　特別支配株主の株式等売渡請求の活用（会社179〜179の9）

　　　結果的には、M社の全株主が売却に同意しました。

4　MホールディングスはM社からの配当を原資として借入金を返済
する

（手順4）

Mホールディングスの株式購入資金はM社からの配当金により返済していく。

（注）　今回は行わなかったが、M社が所有する含み損のある不動産をMホールディングスに売却し、MホールディングスはM社に賃貸することも検討された。これは融資額が多くなるが将来的なMホールディングスの収入源になる他、含み損の実現によりM社の株価を減少させることが可能になるため株式購入金額も減少させることが期待できる。

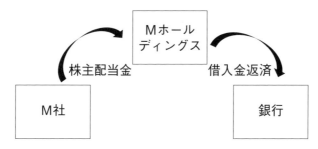

（Mホールディングスの今後の収支計画（抜粋））

　約7年間で金融機関の借入金を返済するためには、約5,500万円の配当をM社が行う必要があります。

（単位：千円）

項目	n＋1	n＋2	n＋3	n＋4	n＋5	n＋6	n＋7	n＋8
	1年目	2年目	3年目	4年目	5年目	6年目	7年目	8年目
受取配当収入	55,000	55,000	55,000	55,000	55,000	55,000	55,000	20,000
維持管理費支出	1,000	1,000	1,000	1,000	1,000	1,000	1,000	1,000
営業利益	54,000	54,000	54,000	54,000	54,000	54,000	54,000	19,000
支払金利（1％）	3,423	3,043	2,536	2,029	1,521	1,014	507	127
経常利益	50,577	50,957	51,464	51,971	52,479	52,986	53,493	18,873
法人税等	0	0	0	0	0	0	0	0
源泉税	11,000	11,000	11,000	11,000	11,000	11,000	11,000	4,000
源泉税還付	0	11,000	11,000	11,000	11,000	11,000	11,000	11,000

当期利益&CF	39,577	50,957	51,464	51,971	52,479	52,986	53,493	25,873
本件借入(355,000)	329,643	278,929	228,214	177,500	126,786	76,072	25,357	0
本件借入返済	25,357	50,714	50,714	50,714	50,714	50,714	50,714	25,357
余剰CF(単年度)	14,220	243	750	1,257	1,764	2,271	2,779	516
余剰CF(累計)	14,220	14,463	15,213	16,470	18,234	20,505	23,284	23,800

5　MホールディングスによるM社の完全子会社化を完了する

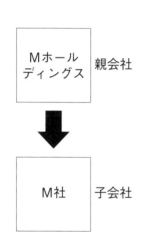

（手順5）
・後継者Bは、自己資金を使うことなしにMホールディングスを通じてM社の株式を間接保有する形で、事業承継を行う。
・事業会社M社の約8年間の高額配当を原資を前提として、事業承継を完了する。
・Mホールディングスの株式の相続税評価額は「純資産価額方式」による評価になるので、次世代の事業承継時までに再検討が必要。
（参考：評基通189-3）

　持株会社を使った事業承継対策のメリットは、「M社からの配当を原資とすることで、B氏が自己資金を使うことなく自社株を間接保有できる」というものです。

◆相続対策には長所と短所がある

　事業承継に利用できるとされるさまざまな対策は、よく効く薬がそ

うであるように、必ず何らかの「副作用」があるものです。

　筆者はＡさんに、「持株会社方式を使ったスキームについて、Ｍ社にとってのメリットとデメリット、将来の危険性を洗い出し、その上で銀行、Ｂ氏、顧問税理士ら関係者が立ち会って検討会を行ってください」とアドバイスしました。帰りがけにＡさんからは、「先生のおかげで問題点が少しだけ見えてきました。これから息子らと、納得するまで十分に検討をして判断しようと思います」との言葉をいただきました。Ａさんは、相談に来た時よりも晴れやかな表情をしていたのが印象的でした。

実務上の留意点

1　持株会社方式による事業承継スキームはいわば強い薬

　持株会社方式による事業承継スキームは、後継者が資金を用意することなしに事業会社の利益により事業承継を成功させる方法です。その意味で非常にメリットもあるいわば「強い薬」といえますが、強い副作用もありますので、活用される場合は必ず専門家にご相談ください。

2　持株会社方式活用の落とし穴（その1）

　事業会社が経営不振に陥ると、持株会社の借入金返済原資がなくなる危険性があります。

⇒持株会社設立方式による相続対策の特徴は、原則として100％後継者が出資した会社において、金融機関から融資を受けて事業会社の株式の買取りを図り、返済原資は事業会社からの受取配当金によるケースが多いです。

⇒事業会社の支払配当には会社法上の財源規制があるので、事業会社

の経営が不調になった際に、持株会社に配当を行えなくなる危険性
があります。

3　持株会社方式活用の落とし穴（その2）

　法人税法23条の受取配当等の益金不算入制度が改正される危険性が
あります。

⇒今の税制では事業会社からの配当金は法人税法上益金に算入されな
　いため、全額返済原資に充当することが可能ですが、返済期間中に
　この税制が改正され益金不算入が制限されると返済に支障が起きま
　す。

4　持株会社方式活用の落とし穴（その3）

　事業会社の株主には株式譲渡代金が入りますが、金融機関から金融
商品を勧誘され多額の損失を出す例も見られます。

・M社の旧オーナーの相続税負担

　旧オーナーは、約20％目減りした財産でありますが、金融資産なの
でそのままにしていくと相続税負担の軽減策が行えません。

【28】　取引先のファインプレー！承継の成否を握る利害関係者の協力

事案の概要

　事業承継において、経営方針をめぐって現経営者と後継者との間にギャップが生じることは珍しくありません。両者の対立が激しくなれば、社内だけでなく企業を取り巻く関係者全員にも重要な影響を与えることになります。例えば、取引先としては、「今の経営者」に付くか「次の経営者」に付くかの決断が、それ以後の取引関係を大きく左右する大変重要な判断になるわけです。

　本項目では、経営者と後継者の経営方針の意見対立に巻き込まれた取引先が、巧みに対処して解決に導いた事例を検討します。

◆社長の設備投資を思いとどまらせて！

　建設機械メーカーのＫ社が主催するセミナーに講師として招かれたときのことです。このセミナーは1泊2日で催され、あらかじめ参加企業から過去3期分の決算書や税務申告書を提出してもらい、1日目は決算書に関する基本知識の習得を目的としたセミナー、2日目は自社の決算数値に基づく経営シミュレー

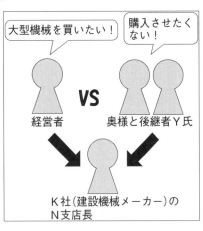

ションと個別の財務診断を行うというものでした。

　本番前日に資料を準備していたら、セミナーを主催するＫ社のＮ支

店長から突然、参加企業の経営者の奥様と後継者Y氏がどうしても会ってお願いしたいことがあるとの連絡を受けました。

　そこで夕食をともにしながら話を聞いてみると、「明日のセミナーに参加する当社の社長が、近々K社から大型機械を購入する予定なのですが、先生から『今の財務内容ではとても大型機械は購入できない』と説得してもらいたい」と頼み込んできたのです。突然の依頼であることに加え、K社主催のセミナーで同社の製品を購入しようという社長に対して「やめなさい」というのは、セミナーの趣旨に反することでもあり、筆者は少々面食らいました。

◆業績を上げてきた社長の「自前主義」

　夕食後、とりあえず相談を受けた会社のことを詳しく調べたところ、この社長さんというのが、何であれ「借りずに自前で行う」という極端な自前主義のようで、注文を受けた工事について、土地、建物、機械はおろか、工事までも外注先を使わずにすべて自前で施工しようとしていました。その結果、受注した工事の売上に対する利益率は非常に高水準ではあるものの、資金繰りが追い付かず、会社の資金繰りはかなり苦しい状況に陥っていました。

　とはいえ社長の自前主義のおかげで業績は非常によいため、社長自身は今後も積極的に設備投資を行うことで受注増を図りたい方針です。しかし手元の資金難を大きなリスクと捉える奥様と後継者Y氏は、何とか社長の経営方針に歯止めをかけられないかと悩み、筆者のもとへ依頼にきたのです。

◆取引先も同席した両者協議の場で…

　その日の深夜、筆者はセミナーを主催するK社のN支店長に、受けた相談の内容を明かしました。そして、「社長は相当ワンマンなよう

なので、おそらく最終的には強引にでも機械を購入されると思います。
しかしその場合、奥様や後継者Y氏の気持ちにしこりが残るでしょう。
極端なことを言うと、後継者Y氏の代になった時に、御社との取引を
解消することも危惧されます」と伝えました。その上で、「経営診断を
したところ、大型機械を購入する財務能力は現状あるようです。機械
は購入する方向で、奥様や後継者Y氏の気持ちも考慮しながら、後に
禍根を残さないよう話し合いましょう」と提案しました。翌日、社長
と奥様と後継者Y氏の了解を得て、個別の経営診断の場にN支店長に
も同席してもらうことにしました。

　そして経営診断の当日、筆者は社長と奥様、後継者Y氏に対して、
それぞれ以下のように説明しました。

---

①　社長への説明
　　地場建設業は少ない経営資源のなかで会社を経営していかなけ
ればならず、何でも「自前主義」を貫くと、将来的に資金繰りな
どに深刻な負担が生じることを説明しました。
　　ただし、将来の収益力アップのために大型機械を購入したいと
いう社長の言い分は痛いほど理解できることを伝えました。
②　奥様と後継者Y氏への説明
　　設備投資にかかる優遇税制を紹介し、大型機械を3,000万円で
購入しても1,200万円ほど税負担が軽減されることを説明しまし
た。つまり資金繰りとしては、正味1,800万円の支出に収まると
説明しました。

　筆者がそこまで説明したところで、それまで話をじっと聞いていた
N支店長が口を開きました。「社長、御社で現在あまり稼働していな
い中古の機械をうちで下取りしましょう。もし下取りした機械を、今

後仕事で使う必要があるときは私に申し出てください。当社の系列レンタル会社から優先的に貸し出します」。

　N支店長の提案を改めて細かく検討したところ、新しい大型機械を購入する費用が中古機械の下取り価格と相殺され、会社の手元資金からのマイナスは大幅に減額されることが分かりました。設備投資をしながら、資金繰りへの影響を抑えることができたのです。

　N支店長の提案には社長や奥様、後継者Y氏の全員が納得し、特に後継者Y氏は深々と支店長に頭を下げて「こういう方法があったのですね。相談をして本当によかったです」と感謝の念をあらわにしました。筆者は本項目での話合いの中でN支店長が話した、次の言葉が今でもとても印象深く残っています。

　「社長、奥さん、Yさん。私どもK社は目先のことだけ考えているわけではありません。社長ともYさんとも長いお付き合いがしたいのです。そのためには御社が儲かって、大きく成長していただくことが一番なのです。これからも長い目でお互いに共存共栄していきましょう」。

実務上の留意点

1　利害関係者の意見の不一致を解決すること

　事業承継で重要なことは、経営者と後継者の周囲の利害関係者の意見が対立せず、事業承継における理解と支持を得ることが必要不可欠です。

2　さまざまな取引先のサポートが必要不可欠

　事業承継は経営者と後継者の2人が行うものですが、N支店長のような周囲の関係者の支援がなければ、経営改善も円満承継も実が結ぶことはないのだということを、改めて痛感する出来事でした。

第5章　税務上の課題とその対応策

＜第5章のポイント＞

　税務上の課題とその対応策で活用できる税制には、次の3項目があります。

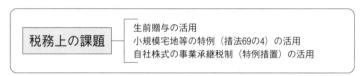

税務上の課題 ── 生前贈与の活用
　　　　　　　　　小規模宅地等の特例（措法69の4）の活用
　　　　　　　　　自社株式の事業承継税制（特例措置）の活用

1　事業承継での相続税負担の基本的な知識を理解すること

　まず、相続税の総額を計算するためには次のような手順を踏むことを理解しましょう。

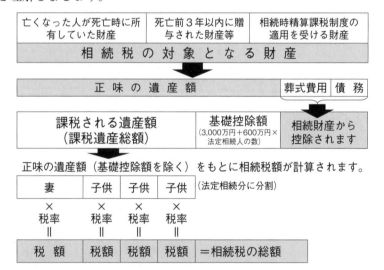

亡くなった人が死亡時に所有していた財産	死亡前3年以内に贈与された財産等	相続時精算課税制度の適用を受ける財産

相　続　税　の　対　象　と　な　る　財　産

正　味　の　遺　産　額 ／ 葬式費用｜債　務

課税される遺産額（課税遺産総額）	基礎控除額（3,000万円＋600万円×法定相続人の数）	相続財産から控除されます

正味の遺産額（基礎控除額を除く）をもとに相続税額が計算されます。

妻	子供	子供	子供	（法定相続分に分割）
×税率‖	×税率‖	×税率‖	×税率‖	
税　額	税額	税額	税額	＝相続税の総額

　相続税の総額は、相続税法16条で次のように規定されています。

（相続税の総額）

第16条　相続税の総額は、・・・被相続人から相続又は遺贈により財

産を取得した全ての者に係る相続税の課税価格に相当する金額の
合計額からその遺産に係る基礎控除額を控除した残額を当該被相
続人の・・・相続分に応じて取得したものとした場合におけるそ
の各取得金額・・・につき・・・を次の表に掲げる金額に区分し
てそれぞれの金額に同表に掲げる税率を乗じて計算した金額を合
計した金額とする。

　つまり、相続税の総額とは、基礎控除後の全額を各法定相続人が、
民法の法定相続分に従って相続したものとした場合の各取得金額に各
税率を適用して算出した金額の合計額のことをいいます。
　また、法定相続人の取得金額に対する各税率は次のようになります。

法定相続人の取得金額	税　率	控除額（注）
1,000万円以下	10%	0万円
1,000万円超〜3,000万円以下	15%	50万円
3,000万円超〜5,000万円以下	20%	200万円
5,000万円超〜1億円以下	30%	700万円
1億円超〜2億円以下	40%	1,700万円
2億円超〜3億円以下	45%	2,700万円
3億円超〜6億円以下	50%	4,200万円
6億円超	55%	7,200万円

（注）　控除額とは、財産の取得金額に応じて税額から控除される額のこと。
　次の場合における相続税の計算例をみてみましょう。

【計算例】
Q．相続財産1億円を、法定相続人である子（AとB両者とも成人。）
　2人で相続（A：8,000万円、B：2,000万円）する場合の相続税はいくらで
すか？

A．次のようになります。
   （課税価格）1億円－（3,000万円＋600×2）＝5,800万円
   （法定相続分による各取得金額）5,800万円×1／2＝2,900万円
   （1人分の相続税額）2,900万円×15％－50万円＝385万円
   （相続税の総額）385万円×2人＝770万円

   （子Aの相続税額）770万円×$\dfrac{8,000万円}{1億円}$＝616万円

   （子Bの相続税額）770万円×$\dfrac{2,000万円}{1億円}$＝154万円

（出典：中小企業庁「中小企業事業承継ハンドブック」）

第1　税金に関するトラブル事例

＜第5章第1のポイント＞

1　生前贈与の基礎知識を理解して活用すること

生前贈与とは、本人が生存している間に、将来の相続人などに資産を無償で渡すことをいいます。生前贈与の活用スキームとして、暦年課税贈与（相法21〜21の8）と相続時精算課税贈与（相法21の9〜21の18）があります。

項目	暦年課税制度	相続時精算課税制度
概要	暦年（1月1日から12月31日までの1年間）毎に、その年中に贈与された価額の合計額に対して贈与税を課税する制度	父母又は祖父母から子又は孫への贈与について、選択により、贈与時に軽減された贈与税を納付し、相続時に相続税で精算する制度
控除額	基礎控除額（毎年）：110万円	非課税枠：2,500万円（限度額まで複数年使用可）
贈与者	制限なし	60歳以上の父・母、祖父・祖母（贈与者・受贈者ごとに選択可）
受贈者		20歳以上の直系卑属である推定相続人又は孫
選択の届出	不要	必要（一度選択すると、相続時まで継続適用。選択の撤回不可。）
税率	基礎控除額を超えた部分に対して10%〜55%の累進税率	特別控除額を超えた部分に対して一律20%の税率
適用手続	贈与を受けた年の翌年の3月15日までに、贈与税申告書を提出し、納税	選択を開始した年の翌年3月15日までに、本制度を選択する旨の届出書及び贈与税申告書を提出し、納税
相続時の精算	贈与者の相続税とは切り離して計算（ただし、相続開始前3年以内の贈与は贈与時の評価額で相続財産に加算される。）	贈与者の相続税の計算時に精算（合算）される（贈与財産は贈与時の評価額で評価される。）

(注)　「事業承継税制の特例措置」では、太枠要件がありません。
　　　なお、2019年度税制改正より、2022年4月1日以後の贈与から受贈者の年齢要件は「18歳」となります。

2　暦年課税贈与を活用すること

暦年課税贈与では、1月1日から12月31日までの1年間に贈与された

財産の総額から基礎控除額（110万円）を控除した部分に、累進課税による贈与税（相法21〜21の8）が課税されます。

　また、株式及び土地の贈与価額は、贈与する時期により変動するため、贈与するタイミングが重要となります。

〔参　考〕暦年課税贈与の場合の税率構成

　暦年課税贈与は贈与を受ける者と贈与者との続柄により、基礎控除後の累進課税が次のように異なります。

基礎控除（110万円）後の課税価格		20歳以上の者が直系尊属から贈与を受けた財産		左記以外	
		税率	控除額	税率	控除額
	200万円以下	10%	―	10%	―
200万円超	300万円以下	15%	10万円	15%	10万円
300万円超	400万円以下			20%	25万円
400万円超	600万円以下	20%	30万円	30%	65万円
600万円超	1,000万円以下	30%	90万円	40%	125万円
1,000万円超	1,500万円以下	40%	190万円	45%	175万円
1,500万円超	3,000万円以下	45%	265万円	50%	250万円
3,000万円超	4,500万円以下	50%	415万円	55%	400万円
4,500万円超		55%	640万円		

　（例）20歳以上の者が直系尊属から贈与を受けた場合(310万円の贈与の場合)
　　　（310万円−110万円）×10%＝20万円（実質税率約6.5%）

（注）　2019年度税制改正より、2022年4月1日以後の贈与から受贈者の年齢要件は「18歳」となります。

3　土地の相続税評価額の基礎知識を理解し、「小規模宅地等の特例」を活用すること

　正式には、「小規模宅地等についての相続税の課税価格の計算の特例」といいます。小規模宅地等については相続税の課税価格に算入すべき価額の計算上、次の表に掲げる区分ごとに一定の割合が減額されます。

特例の対象となる宅地等の種類				限度面積	減額割合
被相続人等の	事業用宅地等	特定事業用宅地等	その宅地等を相続等により取得した被相続人の親族による不動産貸付業以外の事業の継続	400㎡	▲80%
		特定同族会社事業用宅地等	被相続人の親族が相続等した宅地等のうち、一定の法人に貸し付けられ、その法人の事業（不動産貸付業を除く）の用に供されるもの		
		貸付事業用宅地等	その宅地等を相続等により取得した被相続人の親族による不動産貸付業の継続	200㎡	▲50%
	居住用宅地等	特定居住用宅地等		330㎡	▲80%

4　自社株式の相続税評価額の算出の基礎知識を理解し、事業承
　継税制（一般措置）及び事業承継税制（特例措置）を活用する
　こと

【29】　息子に苦労させたくない！母親の想いに応える相続税対策

　中小企業の事業承継の場合では、後継者にのしかかる相続税（相法11〜20の2）の負担が承継の大きな足かせとなっているケースがしばしば見受けられます。そもそも相続税は日露戦争の戦費調達を目的として、明治38年4月に創設されたものです。その後（昭和23年1月1日）より、現在の「均分相続」が確立されましたが、当時の富裕層に対する相続税負担は過酷なものでした。その頃に相続を経験した方たちの多くは、「相続が3代続くと家がつぶれる」と嘆いていたものです。近年では、事業承継の相続税負担は過去よりは改善されましたが、いまだに経営者と後継者にとって税負担が重荷となっているのが現状です。

　本項目では、夫が亡くなった時に相続税で苦労した妻が、自分の相続が発生した時に後継者の息子が税負担で苦しんだり事業に悪影響が出たりすることがないようにしたい、という思いで筆者の事務所へ相談に来られた事例を検討します。

◆自分が死んだ時相続税はいくらになるのか

　相続者のA子さんは、先代経営者の死亡時、莫大な財産の相続にA子さんと長男は大変苦労したそうです。結局、会社の経営は長男が引き継いだものの、事業用の不動産（A子さんの居宅併用）や会社への貸付金6,400万円については、A子さんが「配偶者に対する相続税額の軽減」（相法19の2）を活用して相続し、税負担を軽減しました。長男は若干の預貯金と、長男自身の居住用不動産のみを相続しました【図1】。

　A子さんは「自分が死んだ時に相続税の負担はどのくらいになるのでしょうか。相続税が息子の大きな重荷になり、私のように苦しむことはどうしても避けたい」と切実な口調で筆者に訴えました。

【図1】

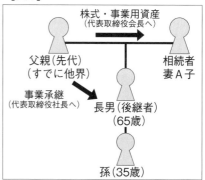

◆現状での税負担を試算してみると…

　まず筆者は、実際に現状の財産で相続の際の税負担がどれほどになるのかを試算してみました。

---

① 　A子さんの財産の状況
　・A子の所有不動産は一棟の土地・建物、そのうち45％はA子さんの居住用（一人暮らし）として使用し、残り55％は長男の会社が賃借しておりますが、業績が悪いため、A子へ家賃は払っていませんでした。
　・A子から会社への貸付金（先代から引き継いだもの）が6,400万円あります。
② 　将来の相続財産
　　土地：2億4,000万円（160㎡×路線価1㎡当たり150万円）
　　建物：1,000万円（固定資産税評価額）
　　貸付金：6,400万円
　　自己株式の相続税評価額及び預貯金の合計額：1,600万円
　　合計は3億3,000万円と見積もることができました。

③　相続税額の試算

　ア　課税遺産総額＝3億3,000万円－3,600万円（基礎控除額）＝2億9,400万円

　（注）　A子を被相続人と仮定すると、推定相続人は長男だけですから、基礎控除額は3,000万円＋600万円×1人となり、3,600万円となります。

　イ　相続税額＝2億9,400万円×45％－2,700万円＝1億530万円

④　結論

　現状のまま何も手を打たなければ、長男から見てA子さんの死亡時には1億円超の税負担が長男に課されることになります。会社の経営が悪化していることもあり、不動産を売却処分しない限り、相続税の納税資金を用意できないという極めて深刻な状況であると筆者は判断しました。

◆再承継を組み込んだ税負担軽減策

　会社や家族の状況を詳しく聞いた筆者は、現経営者である長男の息子、つまり相談に来たA子さんの孫に着目しました。そして次のような対応を提案しました。

①　聞いたところ、A子さんは一人暮らしと言いつつ、実際には会社に勤めている孫が夜遅くまで仕事をした時に一部屋を借りることがあり、現在ではほぼ住み着いているという状況でした。

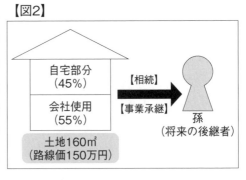

【図2】

自宅部分（45%）

会社使用（55%）

【相続】

【事業承継】

孫（将来の後継者）

土地160㎡（路線価150万円）

　そこで、この孫をA子さんと養子縁組させ、A子さんの居住用部

分に同居させます。そうすることでA子さんの相続時に孫が居住用
部分を相続すると、不動産の居住用部分について小規模宅地等の特
例（措法69の4）が利用できます【図2】。

② 長男から孫に事業承継して、会社がA子さんに対して適正な家賃
（月40万円ほど）を支払います。そうすれば不動産の事業用部分に
ついても小規模宅地等の特例（措法69の4）を利用できます。

③ 会社は累積赤字があり、形式的には債務超過の状態です。自社株
式の評価については税負担を心配する必要はありません。

④ A子さんから会社への貸付金が6,400万円あるので、まず会社の
繰越欠損金3,000万円分、当期末に債務免除してもらいます。これ
により貸付金を減らしつつ、債務免除益による法人税負担を避ける
ことができます。さらに孫への承継後は家賃支払（年間480万円）が
あるため、会社は毎期一定の赤字が見込まれるので、赤字の都度、
A子さんに債務免除をしてもらい、残る貸付金も解消していくこと
が可能と推測できました。

◆対策後の税額は当初の10分の1に

これらの対策をすべて実行すると、A子さんの相続財産はどうなる
でしょうか。

① A子さんの相続財産

土地：4,800万円（2億4,000万円×20％）

建物：835万円（1,000万円×55％×70％＋1,000万円×45％）

貸付金：3,400万円（6,400万円－3,000万円）

※初年度

自己株式及び預貯金：1,800万円（家賃収入の増加を見込む）合計は
当初より2億円以上減って1億835万円となります。

② 相続税額の試算

---

① 課税遺産総額＝1億835万円－4,200万円（基礎控除額）＝6,635
万円
（注）　基礎控除額は長男と養子（孫）の2人で、3,000万円＋600万
円×2人で4,200万円となります。
② 相続税額＝｛(6,635万円÷2)×20％－200万円｝×2名＝927万
円

---

③ 結論

対策をきちんと実行することで、A子の死亡時の税負担を1億円超
から1,000万円程度にまで減らすことができます。

実務上の留意点

1　税務上の課題は「相続税額」の試算からスタート

事業承継における税務上の課題の対応では、まず「相続税額」がど
のくらいになるのか、またその納税資金があるのかなどをしっかりと
分析することが大切です。

2　相続税負担の軽減には、税理士等の専門家へ相談すること

現状をしっかりと把握した上で早期に専門家に相談することで、事
業承継にかかる税負担は大きく軽減できるケースが多いものです。手
遅れにならないうちに、自分の財産を早めに診断し、計画的に対策を
取ることが重要です。

**3　不動産の相続税評価については、小規模宅地等の特例を活用
すること**

【30】　後継者への集中か？他の相続人への配慮か？両者の狭間で揺れる経営者の苦悩

事案の概要

　事業承継においては、後継者が経営権を握るために自社株式や事業用資産（会社に貸し付けている不動産・金銭など）を集中的に引き継がせることが重要なポイントです。しかし一方で、後継者以外の推定相続人が納得できなければ事業承継はうまくいきませんから、彼らも何らかの財産を引き継げるよう配慮しなければいけません。

　事業承継計画を立てる上では、この観点を考慮して財産をバランス良く形成することが重要です。

　しかしながら経営者、特に創業者の方は会社の事業に人生のすべてをかけ、会社の継続的な発展だけを念頭に置いた資産形成を行い、気が付くと経営者自身の個人財産の蓄積がなされていないケースが少なくありません。本項目では、後継者に自社株式を相続させるに当たり、その他の財産が非常に少ないために他の推定相続人への相続について苦慮した事例を検討します。

◆財産はあっても自社株式ばかり

　A社長（75歳）は大手企業から脱サラして会社を立ち上げ、朝早くから夜遅くまで一心不乱に経営に打ち込んで、現在の会社を超優良企業に育て上げました。人生のすべてを会社のために捧げたため個人財産は会社の株式が大半で、自社株式2億円以外には預貯金1億円のみの合計3億円がA社長の個人財産です。

　家族関係は、すでに他界した妻との間に長男B夫、次男C夫、長女

D子の3人の子どもがいて、後継者である長男のB夫は入社して15年
程経ち、社長の右腕として専務取締役になるまでに成長しました。

　そんな息子を見て、A社長がよ
うやく事業承継に向けて考え始め
た頃のことです。会社経営に縁の
ない次男C夫と長女D子がやって
きて、A社長の死後の財産分けに
ついて民法上の正当な権利（法定
相続分）を要求してきたのです。
A社長はもちろん2人のことを考
えなかったわけではありません
が、今まで真剣に相続対策に取り
組んだこともなく、漠然と自社株

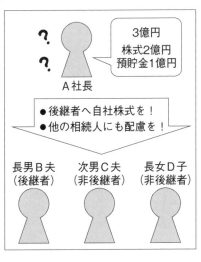

式はすべて後継者の長男B夫に譲るものとしか考えていませんでし
た。2人の要求に思い悩み、「なんとか兄弟円満な形で相続してもらい
たいのはやまやまだが、財産構成の中心が自社株式のため、他の兄弟
への分配をどうすればよいのか……」と途方にくれて、筆者の事務所
を訪れたのでした。

◆均分相続では経営が不安定に
　もし民法900条の規定（法定相続分）のとおりに3人の法定相続人に
相続させるとすると、後継者の長男B夫は自社株式の半分程度しか相
続できず、相続税資金もさることながら、会社を存続するための資金
繰りにも困ることになります。
　かといって、仮に遺言を作成して後継者B夫に自社株式2億円分を
渡し、次男C夫と長女D子にそれぞれ預貯金5,000万円ずつを相続さ
せれば、2人のそれぞれの民法1042条に規定されている遺留分（3億円×

3分の1×2分の1＝5,000万円）はクリアするものの、各人に不満は残るでしょう。またその場合でも、後継者B夫の相続税の納税資金をどのように準備するかという課題についても対策を講じなければなりません。

◆退職金を支給して相続財産を上積み

　そこで筆者は、A社長の死亡時に会社から死亡退職金として1億円を支給させ、公正証書による遺言書に「B夫に自社株式のすべてを、C夫とD子には預貯金と死亡退職金でそれぞれ1億円を相続させる」と書くことを提案しました。そうすることで、次男C夫と長女D子はそれぞれ遺留分（4億円×3分の1×2分の1＝約6,600万円）を大幅に超える遺産を相続することができます【表】。

【表】　　　　　　　　　　　　　　　　（単位：億円）

	長男B夫	次男C夫	長女D子	計
自社株式	2			2
預貯金		0.5	0.5	1
死亡退職金		0.5	0.5	1
計	2	1	1	4

（注）　自社株式の相続税評価額は、死亡退職金の減額分
　　　までの評価アップ分と相殺され、死亡時においても
　　　2億円の評価とみなします。預貯金についても死亡
　　　時に1億円あるとみなします。

　当然、この方法に関しては事前にA社長から次男C夫と長女D子の両者へ丁寧に説明し、納得してもらうことが前提となります。

　さらに長男B夫の自社株式の取得については、「事業承継税制（特例措置）」（措法70の7の5①・70の7の6①）を活用し、全自社株式の引継ぎにかかる納税負担がかからないようにします。

実務上の留意点

1　トラブルを防ぐには良好な人間関係を構築すること

　筆者が提案した解決策をきちんと実行できるかどうかは、最終的にはA社長とその推定相続人である長男B夫、次男C夫、長女D子がお互いに納得いくまで話し合い、全員の合意が得られるかにかかっています。事業承継を支援する側の人間としては、関係者全員が納得し、後々まで家族が円満に過ごせることを祈るばかりです。事業承継を成功に導き、後継者と親族間の争いを未然に防ぐためには、後継者と主要関係者の綿密なコミュニケーション体制の整備が必要不可欠です。日頃から周囲との良好な関係を築くことを心掛けましょう。

2　自社株式対策は本章「第2　事業承継税制に関するトラブル事例」の項目を参照すること

【31】　事業存続か？先祖の土地を手放すか？迫られた二者択一

> ### 事案の概要

　事業承継を行うに当たっては、経営、法務、財務、税務など様々な課題が障害となることがあります。その企業の状態によって課題は異なり、内容も容易に克服できるものからかなり困難なものまで、千差万別です。

　そのなかでも税務上の課題では、「税負担」の克服がとても重要なものとなります。さらに税務上では、その納税資金をいかに最小限にするかがポイントとなります。本項目では、事業承継をするために必要な納税資金の捻出に思い悩んだ経営者と奥様の事例を検討します。

◆育つ後継者　近づくその「時期」

　経営者Oは、広い自宅と貸家マンション2棟、駐車場2か所、貸宅地8か所を持つ、東京近郊の大地主です。またOの家系は大正時代から続く薬剤師の家柄で、O夫妻はともに薬剤師であり、その一人息子であるMも現在薬学部の大学6年生です。

　Oと妻Y子は、Mが今年大学を卒業、国家試験に合格して資格を得ることを機に、事業承継への本格的な準備を始めることにしました。その際に、OからMへの事業承継における障害として「相続税

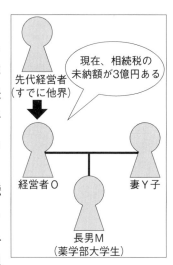

現在、相続税の未納額が3億円ある

先代経営者
（すでに他界）

経営者O　　妻Y子

長男M
（薬学部大学生）

の負担」を見定め、これについてどのように対応したらよいかと筆者の事務所に相談に訪れました。

◆先代からの相続で3億円の未納が…

　実は、Oの家系は代々続く大地主であるため、Oの父親の遺産を受け継いだ際にOに莫大な相続税がかかり、その相続税をOは延納しています。相談に訪れた時点で、未納額はまだ3億円程度残っているそうです。そこで筆者は、Oの先代の相続税の未納額3億円を考慮した上で、もしOが亡くなった場合、相続税がどのくらいになるかを試算しました（計算式参照）。

【相続財産】
現預金等の金融資産1億円＋不動産18億円－債務3億円＝16億円
【相続税の課税遺産総額】
16億円－基礎控除額4,200万円（注）＝15億5,800万円
　（注）　基礎控除額はOの推定相続人が妻Y子と長男Mの2人ですから、3,000万円＋600万円×2名で4,200万円となります。

　ここから相続税の見込額を算出すると、相続税の総額は7億1,290万円となります。妻Y子が相続財産の半分を相続すると、配偶者に対する相続税額の軽減（相法19の2）によりその分は相続税が減額されますので、Mが相続する半分の相続財産については3億5,645万円の相続税が課税されます。

　さらに筆者は、将来的に妻Y子が亡くなった時の二次相続の相続税も試算しました。もしY子の遺産がOの相続で得た財産を原資として仮に8億円のみだとしても、Y子が亡くなるとMには3億4,820万円の相続税が課税されます。OとY子は筆者が算出した税負担の結果を聞

いて目を丸くしました。

　O「先代の相続税の延納額がまだ3億円も残っているというのに、私が死んだ場合には約3.5億円超の相続税が発生するのですか」

　Y子「さらに私が亡くなると、また約3.5億円の相続税が発生するのですか？」

　O「Mは私の薬局の跡を継ぐために頑張っております。このままだと事業承継どころか、相続税の負担の為に事業を辞めなければいけなくなります。何とかならないでしょうか……」

◆納税資金を確保するため不動産の売却を提案

　筆者はアドバイスに先立ち、Oの所有する不動産について、以下のことを確認しました。

① 　絶対に手放したくない土地はありますか？
　　⇒自宅、2棟の賃貸マンション
② 　将来のためになるべく残したい土地はどれですか？
　　⇒駐車場2か所

　経営者の個人財産に対して様々な案を検討した結果、筆者は、先代の相続税の延納額の残債3億円の返済と共に将来の相続税の納税資金の確保のために、残る貸宅地（8か所）を売却して現金化することを提案しました。

　提案を聞いたOは、先代から引き継いだ土地を自分の代で手放すことに大きな抵抗を感じていました。その場では受け入れられず、帰宅してから何度もご夫婦で話し合ったそうです。結局、ご夫婦相談の結果、O夫妻は貸宅地8か所の売却に同意しました。

　貸宅地の売却交渉はまず、その土地を現在借りている借地人に行いました。結果として1年後に4か所を売却し、相続税の延納分を完済することができました。また今後4年以内には、残りの貸宅地について

も譲渡できる見込みとなりました。

　事業承継のワンポイントアドバイスを求めて筆者の元へやってきた
Ｏ夫妻でしたが、今後も貸宅地の譲渡などを処理していかなければな
らないことを踏まえ、Ｏ夫妻の毎年の確定申告も筆者の事務所で行う
こととなりました。さらに継続的に、事業承継の基本方針や事業承継
計画の改訂版を作成することも同意いただけました。Ｏ夫妻は、「事
業承継に関するかかりつけの医者ができたみたいで、これからは安心
です」と言って、ほっとした顔で帰っていきました。

実務上の留意点

1　事業承継対策は早めの準備が必要

　事業承継対策としての納税資金の準備はなるべく早いうちに実行し
ておくことが大切です。

2　税務上の課題の解決には専門家に相談することが重要

　事業承継における税務上の課題の解決のためには、早い時期に専門
家に相談することが大切です。

【32】　えっ、特例が使えないの！？相続税の減額特例のとんでもない落とし穴

事案の概要

　事業承継で受け継いだ土地にかかる相続税の軽減措置には、小規模宅地等の特例（措法69の4）という制度があります。

　本項目でご紹介するのは、小規模宅地等の特例（措法69条の4）の「特定同族会社事業用宅地等の評価額減」を行おうとしたものの、その要件を満たせずに適用できなかった「事業承継の落とし穴」の事例です。まずは、「小規模宅地等の特例（措法69の4）」についてご説明いたします。

> 小規模宅地等の特例（措法69の4）
> 　相続の開始の直前に被相続人等の事業の用に供されていた宅地等又は被相続人等の居住の用に供されていた宅地等のうち、一定の選択をしたもので限度面積までの部分については、相続税の課税価格に算入すべき価額の計算上、一定の割合を減額する。

　相続税の負担を減らす上ではスタンダードともいえる特例ですが、適用できる限度面積や減額割合は、宅地の用途によって異なります。そのなかに「特定同族会社事業用宅地等」というものがあるのです。これは、宅地等の所有者が個人で、かつ同族会社のうち「特定同族会社」の事業に使用させている土地であれば、その宅地等の評価額は400㎡を限度に80％減額できるという制度です。

　特定同族会社とは、被相続人や被相続人の親族等が法人の発行済株式の総数等の50％超を有している会社です。ただし、会社の営む事業が不動産賃貸業だと、「特定同族会社事業用宅地等」とはならず、「貸付事業用宅地」になりますので注意してください。

◆社長の土地の上に事務所を建築

　A氏は甲会社の代表取締役社長であり、自身の所有する宅地上に建築した建物を、特定同族会社である甲会社に貸し付けていました【図1】。

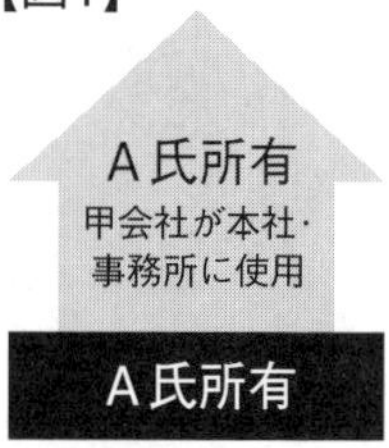

　建物の建築資金の借入金返済もあり、当初、A氏は甲会社から適正な家賃をとっていましたが、借入金を返済完了後しばらく経ってからは、甲会社の業績が悪化してきて家賃の支払が負担になってきたことや、A氏個人も会社から受ける家賃収入による税負担が重荷と感じてきたた

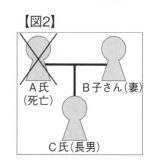

【図1】

め、それまでの「賃貸借」から「使用貸借」（固定資産税のみ負担）に切り替えて、そのまま現在に至っていました。

　数年経ってA氏が亡くなり、法定相続人である妻B子さんと一人息子のC氏で協議した結果、C氏が後継者として甲会社の代表取締役社長に就任し、この土地建物も相続することに決まりました【図2】。

　この相続案件が筆者の元に持ち込まれた時、2人はこの土地が「小規模宅地等の特例」（措法69の4）の適用対象だと信じて疑っていませんでした。説明を聞いた筆者が特例を使えない旨を伝えると、相談に来たB子さんとC氏は大変ショックを受けたようです。

【図2】

◆減額特例の適用要件とは

　小規模宅地等の特例（措法69の4）のうち、「特定同族会社事業用宅地等」の優遇として評価額80％減を適用しようとするならば、複数の要件をすべて満たす必要があります（下表）。

①	法人役員要件	相続税の申告期限の時点で、相続人がその法人の役員（法人税法2条15号に規定する役員）であること
②	保有継続要件	その宅地等を相続人が相続税の申告期限まで所有していること
③	事業要件	土地の貸借が、相当の対価を得て継続的に行っている事業であること
④	相続取得要件	相続時精算課税贈与（相法21の9〜21の18）の選択により生前に贈与を受けたものでないこと

　本項目のケースでは、前述したように数年前から、A氏は甲会社から適正な家賃を取っていませんでした。こうした無償での貸し借りは「賃貸借」ではなく「使用貸借」に当たるため、③の事業要件を満たしていないことになります。それを告げるとC氏からは「固定資産税分はもらっていますよ」と反論がありましたが、固定資産税の租税負担程度であれば、それは「賃貸借」とはいえません。

◆発想を変えることでピンチを切り抜ける

　それではB子さんとC氏は土地の10割評価を受け入れて税金を納めたのかというと、そんなことはありません。本項目ではC氏が相続しようとしていた予定を変更し、B子さんが土地と建物を相続すること

により、「配偶者に対する相続税額の軽減」（相法19の2）を適用して事なきを得ました。

　この「配偶者に対する相続税額の軽減」（相法19の2）についてご説明いたします。

配偶者に対する相続税額の軽減（相法19の2）
　配偶者の相続する遺産額1億6,000万円か、又は配偶者の法定相続分相当額のいずれか多い金額までは、配偶者に相続税がかからない

　また今後は、甲会社はB子さんへ適正な家賃を支払うことに改め、将来的なB子さんからC氏への相続の際に「特定同族会社事業宅地等」として小規模宅地等の特例（措法69の4）を適用できるようにしました。

実務上の留意点

1　税の優遇措置は要件に注意

　事業承継への備えは、事前に計画的な取組みを行うことが何より重要です。特に事業用資産である不動産は現状を把握し、後継者に確実に取得させるとともに各種の優遇措置の要件をしっかり確認して税負担の軽減対策を心掛けることが大切です。

2　相続税対策と法人における法人税対策とのバランスがポイント

　本項目のケースでは、Aさん個人の所得税の節税と会社自体の資金繰りを考えて、会社からAさんへ家賃を払っておりませんでしたが、それが結果的にAさんの相続税上は、「小規模宅地等の特例」（措法69の4）の要件を満たさなくなってしまいました。

【33】　後継者の成長を見ながら進めたい！経営者の希望を叶える承継対策

事案の概要

　事業承継では自社株式や事業用資産を後継者にうまく引き継がせることが重要です。そのためには、自社株式がどれだけの価値を持ち、引継ぎにどれだけ税負担がかかるかを知ることが必須ですが、中小企業では、自社株式がいくらになるか評価していない会社が多く、事業承継対策を非常に難しいものにしています。

　東京商工会議所が公表した「事業承継の実態に関するアンケート調査」（2018年1月）によれば、自社株式の評価を毎年行っている会社は22.1％に過ぎないことが判明しています。それどころか、自社株式の評価を一度もしたことがないと回答した企業がなんと44％に上ったのです。これでは効果的な事業承継対策を行うことが難しいのではないかと思われます。

◆事業承継税制の適用を後継者が求めてきたが…

　Ｙ社はそれほど規模が大きくない中小企業です。親から事業を引き継いだＡ社長は、経営方針を良く守り、堅実な経営を行っています。後継者である息子Ｂ専務取締役も、Ａ社長の言うことを素直に聞き、真面目に仕事をこなしているそうです。製品は競合他社との競争により販売価格が低く、売上高も低迷しているものの、Ｂ専務を中心とした少数精鋭の事業展開により、これまである程度の経常利益をコンスタントに計上してきました。ある時、Ｂ専務は地元の商工会議所のセミナーで、自社株式が無税で承継できるという事業承継税制（特例措置）（措法70の7の5①・70の7の6①）のことを知りました。この制度は2018

年度税制改正で導入されたもので、税優遇を受けるためには2023年3月までに都道府県知事に「特例承継計画」を提出し確認申請をした上で、2027年12月までに贈与又は相続を行われなければならないという時限立法となっています。

　B専務は、「税優遇を受けるために、すぐにでも手続をしてください」とA社長に迫りました。しかしA社長はB専務に一度に全株式を贈与することに疑問を抱き、筆者の事務所に相談に来たのです。

◆自社株式を時間をかけて贈与していく手法

　相談を受けた筆者は、まず事業承継税制（特例措置）についてその内容をA社長に説明し、B専務の話す税優遇の内容が正しいことを説明しました。しかし税負担が猶予されるからといって、必ずしも特例を利用することが"正解"だとは限りません。A社長は事業承継について、「なるべくB専務の経営者としての成長を見守りながら、徐々に自社株式を引き継がせたい」と思っています。そして、そうした希望と税負担の軽減を両立させるやり方があれば教えてほしいというのが、筆者への要望でした。

　そこで筆者は、自社株式を毎年計画的に生前贈与していく手法について、次のような手順で行うことを提案しました。

◆暦年課税贈与を活用した自社株式の移転対策

（第1段階）

　まず前提として、今後は毎決算期ごとに自社株式の相続税評価額を算定します。どのような事業承継計画を立てるにせよ、自社株式の評価額を知らないことには手の打ちようがありません。

　今回は例として、1株当たりの評価額が6,000円であることを想定します。

（第2段階）

　1株当たりの評価額6,000円を、贈与税が課されない基礎控除額110万円で割ります。

> 基礎控除額110万円÷6,000円（1株当たり）＝183.3株

（第3段階）

　さて、ここからはいくつかの選択肢があります。その程度の税負担までなら許容できるのか、どのくらいの時間をかけて全株式を贈与したいかによって、年ごとに贈与する株式数を決定するわけです。今回は税負担の面から3つのプランを示します。

①　税金が一切かからない贈与・・・株式数183株

> 183株×6,000円（1株当たり）＝109万8,000円＜基礎控除額110万円

　毎年の基礎控除額以下ですので、贈与税の申告も納税も不要です。

②　あえて少し税金を納めて贈与の証拠を残す・・・株式数184株

> 184株×6,000円（1株当たり）＝110万4,000円＞基礎控除額110万円
> （110万4,000円－110万円）×10％＝400円（贈与税額）

　税務署に贈与税の申告を行い、400円の贈与税を納付することで、贈与の事実が記録に残ります。もっとも、これだけでは暦年課税贈与（相法21～21の8）が否認されるリスクはゼロではないので、別途贈与の契約書などは用意すべきです。

③　低税率でなるべく多く贈与する場合・・・株式数516株

　贈与税の最低税率は、基礎控除110万を除いて「200万円以下」に適用される10％です。つまり計310万円までの贈与なら、最低税率が適

用されます。

> 310万円÷6,000円＝516.6株（端数を切り下げで516株）
> 516株×6,000円（1株当たり）＝309万6,000円＞最低税率上限310万円
> 　（309万6,000円－110万円）×10％＝19万9,600円（贈与税額）

　もっとも実効税率は「19万9,600円÷309万6,000円＝6.44％」とさらに低い水準です。

（第4段階）

　最後に、贈与を行ったことを証明できる資料をそろえます。贈与契約書を作成しておくとよいでしょう。株主名簿及び法人税申告書の別表2を整備してください。

実務上の留意点

1　後継者には時間をかけて教育すること

　後継者が経営者としての資質を備えられるように、しっかりと見守りながら教育していくことが重要です。

　本項目でのA社長のお気持ちはもっともなことと理解できます。面談後にA社長から、「今度は息子と、弊社の総務部長も連れて来ます。もう一度ご提案の内容を確認させてください」と言われました。事務所を出られるA社長の背中には、心なしか安堵感があるように感じました。事業承継では後継者教育と事業用資産の移動は、後継者の成長を見守りながら徐々に行うことが大切です。

2　事業承継税制（特例措置）の欠点

　事業承継税制（特例措置）は一定の期間内に自社株式を経営者から後継者に移動し、さらに経営者は代表権を後継者に譲る必要があります。活用に当たっては欠点を納得した上で行いましょう。

【34】　タイムリミットは半年！余命宣告された社長が願う承継方法とは

事案の概要

　事業承継は、現経営者から後継者へ事業のバトンタッチを行うものです。後継者は会社がそれまで培ってきた、人、物、金、知的資産といった様々な財産を上手に引き継ぐことで、承継後の経営をスムーズに進めることができます。十分な経営力を後継者に引き継ぐために必要な育成期間として、5年〜10年はかかると考えている経営者も少なくありません。承継を成功させるためには、早い段階から準備に取り組むことが重要です。

　しかし実際には、事業承継は中小企業にとって非常に重要な経営課題であるにもかかわらず、先送りにされているケースが多く見受けられます。承継準備が不十分だと、後継者難や相続問題などが会社経営の大きな足かせとなり、最悪廃業にまで追い込まれることもあり得ます。

　本項目では、事業承継の実行期間が極端に短かったために巻き起こったトラブル事例を検討します。

◆医師から突然の宣告！　家族と会社に残すものは…

　M社長が創業した会社は、優れた経営力と高い技術力によって順調に成長を遂げ、業績は長期にわたり好調でした。ところがある日、M社長が病に倒れ、医師から余命半年の宣告を受けてしまったのです。M社長が顧問税理士の筆者のもとへ事業承継の相談にやってきたのは、その病を患ってからでした。

　M社長にお会いして、初めてR銀行の遺言作成を行っていること、

R銀行から支店長とコンサルタントが来て相続の相談を行っていることを知りました。

　M社長の要望は次のとおりです。妻であるK子さんの老後の生活資金を残すためにも、自分の死亡退職金を会社から1億円出してもらいたいこと、そして自分の後継者にA取締役（非血族）を選定し、事業承継環境の整備の一環として自分の株式をできるかぎり、A取締役に譲りたいという2つでした。

　また、R銀行支店長からは遺言作成時に関与したコンサルタントが相続を担当することもできるとの申出があったようですが、M社長の意向はできれば筆者にお願いしたいということでした。

◆最大の障害となった自社株式評価の高さ

　M社長が出した2つの希望について筆者が調査したところ、それぞれの税務上の要件を満たすのはさほど難しくないと、途中までは考えていました。

　まず会社から死亡退職金を1億円出すことについては、税務上、適正な退職金の目安（最終報酬月額×在任年数×功績倍率3倍）の範囲内にありました。また財務内容も良好で、死亡退職金1億円の支給は会社の体力的にも十分に可能でした。

　次にM社長の株式をA取締役に譲渡する件について、A取締役は社内ではすでにM社長に次ぐ立場にいたため、社長への昇格に異論を唱える者は社内にも社外にもいませんでした。臨時取締役会と臨時株主総会を開催してA取締役を「代表取締役社長」とすることができ、後継者選定も比較的スムーズに行うことができました。

　しかし、最大の障害はその後にありました。前述のとおり、M社長が育ててきた会社は非常に好調なため、A取締役に引き継ぐ自社株式の評価が、大変高額になっていたのです。会社の株式評価額は、原則

的評価と呼ばれる一般的な計算方法で算出すると1株当たり約1万8,000円、M社長の保有数は2万5,250株であったため、A取締役が受け継いだ場合の相続税評価額はなんと約4億5,500万円でした。

　本来であれば、時間をかけて評価額を低く抑える手法を講じた上で、タイミングを見計らって自社株式の引継ぎを行うべきですが、M社長に残された時間は多くありません。後継者であるA取締役は、経営に集中できるように一定割合の株式を取得すべきではありますが、現在の株価のまま引き継いでしまうと、取得する際に大きな資金負担が発生してしまい経営に支障が出ることすらあり得る事態となってしまいました。

◆評価額を抑えられる特例的評価方法

　R銀行の支店長より「株価を『配当還元方式』で売却できるとうちのコンサルタントが言っている」とアドバイスがあったそうです。

　そこで筆者は、自社株式の保持割合に着目しました。

　非上場株式の相続評価は、原則的に、純資産や類似業種を営む企業の株式を基礎として評価する「原則的評価方法」が採用されます。

　同方式で株式を引き継ぐと評価額が莫大な額になってしまうのは前述したとおりです。

　しかし、株主構成において、筆頭株主グループの議決権割合が「30％以上50％以下」であり、さらに相続によって自社株式を引き継ぐのが「同族株主以外の株主」で、その議

【取引相場のない株式の売買価格の考察】

「税務上の適正価額」の判断基準
株式を相続する場合、又は個人間で贈与する場合の株式の価額は、「相続税法上の時価」を用います。
一方、株式を譲渡する場合は、「税務上の適正価額」つまり時価で譲渡を行うこととし、この税務上の適正価額と異なる価額で譲渡を行った場合には、課税の問題が生じます。

法人税法上の時価：法基通2-3-4、4-1-5及び4-1-6
所得税法上の時価：所基通23-25共-9、59-6

売買関係	株式譲渡側	株式買受側
個人 ⇒ 個人	相続税評価額	相続税評価額
個人 ⇒ 法人	所得税法上の時価	法人税法上の時価
法人 ⇒ 個人	法人税法上の時価	所得税法上の時価
法人 ⇒ 法人	法人税法上の時価	法人税法上の時価

決権割合が「30％未満」あれば、原則的評価より評価額を低く抑えられる「特例的評価方法（配当還元方式）」を使って相続又は贈与することが認められているのです。

　今回の場合、個人対個人の取引なので、買受側が少数株主の場合は、「持株会」のように配当還元価値で売買を行うことになります。

算　定　方　式	代表的な用途
相続税法上の時価（原則）	相続・贈与の場合 支配株主が買手となる場合
相続税法上の時価（特例）	配当還元方式 少数株主が買手となる場合
所得税法及び法人税法上の時価（注）	法人が買手か売手になる場合

（注）
◆会社規模に関わらず、全ての会社を小会社として評価します。

　　　　　▼

「類似業種比準価額×50％＋純資産価額×50％」と純資産価額のいずれか低い価額
◆純資産価額の計算上、土地及び上場有価証券については、路線価や3ヶ月平均等を採用せず、「時価」により評価します。
◆純資産価額の計算上、評価差額（相続税評価額と帳簿価額の差異）に対する37％控除はできません。

　問題は、A取締役が少数株主に当たるかどうかです。株主の態様による評価方式の判定は売買後の株主構成で決まるので次のように判定します。

【株主の態様による評価方式の判定】

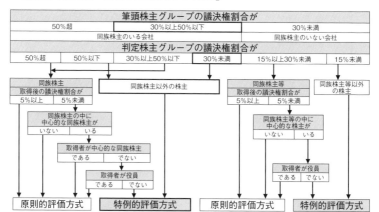

　筆者は、現状のM社長の持つ自社株式の保持割合を踏まえ、後継者たるA取締役と、彼を補佐していくB取締役へ自社株式の譲渡（売買）を行うことで、特例的な評価方法（配当還元方式）の要件を満たすようにすることを確認しました。

　具体的には下表のとおり、M社長の保有株式2万42株を、A取締役に1万5,042株、B取締役に5,000株譲渡しました。

【表】

	対　策　前		対　策	対　策　後	
	議決権数	構成比		議決権数	構成比
M社長（①）	25,250株	37.11%	20,042株を売却	5,208株	10.04%
妻K子（②）	6,750株	13.01%		6,750株	13.01%
M社長の親族（③）	7,000株	13.49%		7,000株	13.49%
同族関係者の所有議決権数（①＋②＋③）	（39,000株）	（63.60%）		（18,058株）	（36.50%）
従業員持株会	12,870株	24.81%		12,870株	24.81%
A取締役	0株	0%	15,042株を取得	15,042株	29.00%
B取締役	0株	0%	5,000株を取得	5,000株	9.64%
自己株式	－			－	－
発行済株式数	51,870株	100%		51,870株	100%

　その結果、M社長の同族グループの議決権割合が36.50％となり筆頭株主（同族株主）グループは「30％以上50％以下」に、A取締役とB取締役は同族株主以外の株主に該当して議決権割合が「30％未満」となり、「特例的評価方法」が使えるようになったのです。

　株式の譲渡に当たっての「税務上の適正価額」、つまり時価は、売買を行った当事者がそれぞれ個人か法人かによって取扱いが異なります。本項目のケースでは売主（M社長）も買主（A取締役・B取締役）も個人であるため買主側の相続税評価額を基準として算定でき、税負担を軽減することができました。

実務上の留意点

1　円滑な承継には周到な準備が必須

　本事項でのM社長のケースでは承継にかかる税負担を抑える手法が活用できましたが、事業承継への取組とは、ただ単に後継者の選定を行う「人の承継」をすることだけではありません。会社の経営を引き継ぐためには、会社の自社株式や事業用資産、資金等の「資産の承継」を行うことや、会社の家訓や経営理念、技術・人脈などの「目に見えにくい経営資源の承継」を行うことも重要です。事業承継を行う際には、この3つの承継要素を踏まえて、しっかりと計画的に準備を行っていくことが必要です。ぜひ、突発的な事故や病気などに備えて、日頃から計画的に事業承継の準備を進めるよう心掛けましょう。

2　取引相場のない株式の相続税評価は多様

　株主としての立場から、同族株主とそれ以外に分かれます。また、同族株主の評価にも2つの方法があります。株主態様と株式評価を図示すると、次のようになります。

【非上場株式の評価の体系の概要（評基通）】

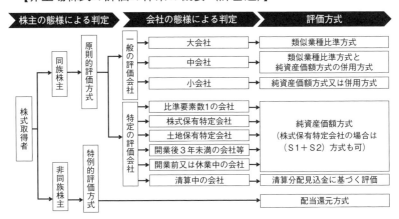

第２　事業承継税制に関するトラブル事例

＜第５章第２のポイント＞

1　事業承継税制（特例措置）の概要

　「事業承継税制（特例措置）」（措法70の7の5①・70の7の6①）は、事業承継時に自社株式にかかる贈与税や相続税の税負担をゼロにする、経営者にとって画期的な税の優遇措置です。

> ①　2023年3月以内に「特例承継計画」を提出し、2027年12月以内に実際に承継を行う者を支援する制度。
> ②　2018年1月1日から2027年12月31日までの間の贈与・相続について適用されます。

2018/1	2018/4	2023/3	2027/12	
	特例承継計画提出期間（5年間）			
	贈与・相続期間（10年間）			贈与後相続

2　特例措置を適用するための主な手続

> ①　2023年3月31日までに「特例承継計画」を作成し、本店所在地の都道府県知事の「確認」を受ける
> ②　2027年12月31日までに後継者へ贈与又は相続を実行し、「認定」を受ける
> ③　贈与税又は相続税の申告期限までに本店所在地の都道府県知事の認定書の写しを添付して、贈与税又は相続税の申告書を提出する

④　その後5年間、毎年、本店所在地の都道府県知事に報告書を、所
　　轄税務署に届出書を提出する

⑤　5年後、3年毎に「継続届出書」を所轄税務署に提出する

⑥　贈与又は相続後に納税猶予が免除されるケース

ア：贈与者が死亡した場合

イ：後継者が死亡した場合

ウ：後継者が次の後継者に贈与した場合

　要するに、事業承継税制（特例措置）（措法70の7の5①・70の7の6①）の
適用を受けるためには、事前に経営承継円滑化法における都道府県知
事の「認定」を受ける必要があります。またその「認定」を受けるた
めには、同法による都道府県知事の「確認」を受ける必要があります。
手順を図で示すと次のようになります。

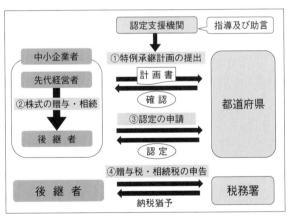

（出典：中小企業庁「特例承認計画に関する指導及び助言を行う機関における事
　務について）

3　事業承継税制における「一般措置」と「特例措置」の併存
　現状、2027年12月31日までは一般措置と特例措置が併存することに

なっております。租税特別措置法において、従来の事業承継税制（一般措置）（措法70の7①・70の7の2①）も存続しており、両者を比較すると次のようになります。

	特例措置	一般措置
事前の計画策定等	5年以内の特例承継計画の提出 （2018年4月1日から2023年3月31日まで）	不要
適用期限	10年以内の贈与・相続等 （2018年1月1日から2027年12月31日まで）	なし
対象株式数	全株式	総株式数の最大3分の2まで
納税猶予割合	100%	贈与：100%　相続：80%
承継パターン	複数の株主から最大3人の後継者	複数の株主から1人の後継者
雇用確保要件	弾力化 雇用維持要件は実質撤廃され、雇用5年平均80%を下回る場合でも猶予税額は納付不要	承継後5年間 平均8割の雇用維持が必要
事業の承継が困難な事由が生じた場合の免除	あり 株式売却、廃業時点の株価で税額を再計算し、承継時との差額を免除	なし
相続時精算課税の適用	60歳以上の者から20歳以上の者への贈与	60歳以上の者から20歳以上の推定相続人（直系卑属）・孫への贈与

（注）　2019年度税制改正より、2022年4月1日以後の後継者の年齢要件が20歳から18歳へと引き下げられます。

4　特例措置に係る条文構成

事業承継税制（特例措置）に係る条文構成は次のようになります。

措法	見出し	措法施行令	措法施行規則
70の7の5	非上場株式等についての贈与税の納税猶予及び免除特例	40の8の5	23の12の2
70の7の6	非上場株式等についての相続税の納税猶予及び免除の特例	40の8の6	23の12の3
70の7の7	非上場株式等の特例贈与者が死亡した場合の相続税の課税の特例	40の8の7	23の12の4
	非上場株式等の特例贈与者が		

| 70の7の8 | 死亡した場合の相続税の納税の猶予及び免除の特例 | 40の8の8 | 23の12の5 |

5　個人版事業承継税制の活用検討

　正式には、「個人の事業用資産についての贈与税・相続税の納税猶予及び免除」といいます（措法70の6の8・70の6の10）。個人事業者についても高齢化が急速に進展する中で円滑な世代交代を通じた事業の持続的な発展の確保が緊急な課題となっていることを踏まえて創設されました。

① 　対象となる「特定事業用資産」

> 「特定事業用資産」とは、先代事業者（贈与者・被相続人）の事業の用に供されていた次の資産で、贈与又は相続等の日の属する年の前年分の事業所得に係る青色申告書の貸借対照表に計上されていたものをいいます。
> ① 　宅地等（400㎡まで）
> ② 　建物（床面積800㎡まで）
> ③ 　②以外の減価償却資産で次のもの
> 　・固定資産税の課税対象とされているもの
> 　・自動車税・軽自動車税の営業用の標準税率が適用されるもの
> 　・その他一定のもの（貨物運送用など一定の自動車、乳牛・果樹等の生物、特許権等の無形固定資産）

② 　個人版事業承継税制の主な要件

対象者	個人事業者（青色申告事業者）
提出要件	【5年以内の事業承継計画の提出】 2019年4月1日から2024年3月31日までの間に、個人事業承継計画を都道府県に提出すること。
期間制限	【10年間の時限措置】 2019年1月1日から2028年12月31日までの間に行われる相続又は贈与について適用する。

x

事業継続要件	事業継続・資産保有に係る定期的な報告
申告書記載要件	青色決算書に添付されている貸借対照表に「特定事業用資産」が計上されていること
選択適用	小規模宅地特例と選択適用（併用不可）

（注）　事業用の小規模宅地の特例の見直し
　　①　特定事業用宅地（貸付用を除く事業用の宅地）について、相続前3年以内に事業の用に供された宅地については、特例の対象から除外
　　②　ただし、①に該当する宅地にあっても、当該宅地の上で事業の用に供されている建物が、宅地の価格の15%以上の場合は、特例の適用対象とする

③　個人版事業承継税制の活用上の問題点

①　先代事業者は「廃業届出書」を提出し、後継者は「開業届出書」を提出すること
②　特例事業用資産のすべての贈与又は相続
　⇒事業用資産を取捨選択できない
③　小規模宅地等特例との選択適用
　⇒事業継続の縛りがずっと続くこと
④　特定事業用資産の除却でも猶予継続
⑤　贈与相続後の減価償却費相当額の減額がないこと
⑥　特定事業用資産の価額から債務を控除した額が納税猶予
⑦　不動産、国債・地方債、一定の有価証券、保証人等の担保が必要となること

【35】　会社を継ぐのは「1人」じゃない！事業承継税制（特例措置）で活路を

事案の概要

　中小企業の事業承継では、自社株式の引継ぎに際して後継者に課される税負担が承継の障害になることがあります。そのため、税負担を軽減する措置として、「非上場株式等に係る相続税・贈与税の納税猶予及び免除制度」があります。一般的に「事業承継税制」と呼ばれています。

　この制度を活用するのに適した会社は、次のような項目に当てはまるものです。

・自社株式の株価が高い会社
・親から子へ、子から孫へと代々事業を継続することを目指している会社
・事業承継へのやる気と熱意をもつ後継者がいる会社
・従業員が比較的定着している会社

　しかし、これらの要素を満たす中小企業は多くても、実際には事業承継税制は広く活用されていないのが現状です。その原因は、要件や手続の複雑さにあります。

　本項目では、この事業承継税制の活用を検討していた経営者が、「ある要件」のために事業承継税制（一般措置）（措法70の7①・70の7の2①）を断念せざるを得なかったが、「特例措置」では活用することができた事例を検討します。

◆社長が自慢する2人の優秀な息子たち

　食品関係の機械製造を営むA社は、ドラマ『下町ロケット』に出て
くるような技術職の会社です。独自に開発した機械は画期的なものば
かりで、食品分野の機械の革命児と呼ばれているほどです。現在の業
績は非常に好調で、機械製品の受注残は常に半年先まであります。

　A社長は二代目ではあるものの、戦後復興の厳しい時代に創業した
先代の背中を見て育ち、「より多くの人々においしい幸せを！」をモッ
トーに、今のA社を発展させた敏腕経営者です。

　A社長には、B専務（長男）とC常務（次男）の2人の息子がいます。
B専務は営業部門の責任者で、販売組織を確立してA社の売上増大に

貢献しています。またC常
務は製造部門の責任者で、
他社と差別化ができる新製
品の開発を行い、会社の高
付加価値な技術水準に貢献
しています。A社長として
は、将来的にB専務もC常
務も後継者として仲良く協

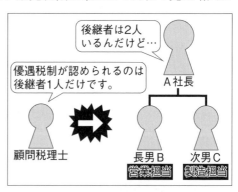

力し合い、A社の経営に携わってくれることを希望しています。

　A社は長年にわたり業績が非常に好調で、所有する不動産の含み益
もかなりのものです。相続時の株式評価額も非常に高水準となること
が予想されるため、A社長は自社株式の「事業承継税制」の活用を検
討しました。しかし顧問税理士へ相談したところ、「従来からの事業
承継税制（一般措置）が活用できるのは後継者1人のみの場合であり、
後継者をB専務かC常務のどちらかに絞らなければならない」と言わ
れました。

　2人の息子が支え合いながら会社を成長させてほしかったA社長に

とって、その話は非常にショックでした。

　A社長は、「同族企業の経営は、家族のまとまりなしでは絶対に成功しません。特に中小企業は人材が容易には集まらないため、これまでも親子、兄弟、親戚が一丸となって組織を作り事業を運営し会社を成長させてきたのです。このことは大企業に成長しても変わるものではありません。中小企業では責任を分担し、協力して経営を行っているのが実態なのに、国が後継者を1人に限定させるのはあまりにも理不尽です」と訴えました。

　しかし非情にも法律は法律です。従来からの事業承継税制（一般措置）ではA社長の希望は通じるはずもなく、結局A社は多大な税負担を受け入れて、事業承継への準備を進めざるを得ないと覚悟しましたが、筆者へ「セカンドオピニオン」として相談に来所しました。

◆事業承継税制（特例措置）で活路を！

　中小企業の事業承継を後押しするために設けられた事業承継税制（特例措置）は、適用を受けるためには、いくつかの要件をクリアする必要があり、また全額が永遠に猶予されるわけではありません。代表的な特徴は次のようなものです。

---

① 　中小企業でなければ利用できない

② 　2023年3月31日までに、会社の本店所在地の都道府県知事に対して、「特例承継計画」の「確認」申請を行わなければならない

③ 　2027年12月31日までに、先代経営者は後継者に対して、所有する自社株式を贈与又は相続させなければならない

④ 　贈与又は相続の際には、事前に経営承継円滑化法による都道府県知事の「認定」を受ける必要がある

⑤ 　後継者は「特例承継計画」に記載された者で、3人まで認められる

　要するに、事業承継税制（特例措置）においては、従来の事業承継税制（一般措置）と違い後継者は最大3人まで認められているので、つまりA社長の希望どおり、B専務もC常務もともに後継者として、他の要件を満たせば事業承継税制（特例措置）が活用できるのです。

> ### 実務上の留意点

1　事業承継税制（特例措置）は、後継者が最大3人までOK（参考：＜第5章第2のポイント＞）

　本項目のケースの場合、事業承継税制（特例措置）（措法70の7の5①・70の7の6①）における他の要件を満たせば、後継者2名として適用することができます。

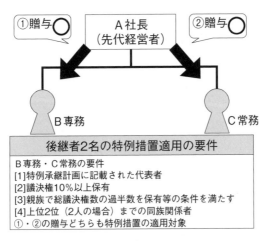

2　後継者が役員であることが要件

　贈与の場合、後継者は贈与日まで続けて3年以上役員に就任していなければなりません。他社へ修行している場合などは、取締役として役員登記していれば非常勤であっても問題ありません。

【36】　何のための事業承継か？すれ違う経営者と後継者の思惑

> ### 事案の概要

　事業承継で最初に確認すべき事項は、「先代経営者の事業承継に対する想い」です。承継する時期や後継者候補の決定、後継者に託したい経営理念、役員の処遇、引退後の生活設計や相続問題など、経営者の「想い」をしっかり事前に確認しておくことや後継者に伝えておくことが、円滑な事業承継のカギになります。その想いを伝えた後に、「経営の承継」（先代経営者の経営力・人脈・信用力などの承継）や「財産の承継」（自社株式・事業用資産などの承継）といったテーマに取り組んでいくことになると思います。得てして後継者は「財産の承継」に重点を置きがちですが、先代経営者の想いや意向を前提としていなければ事業承継は成功しない危険性がありますし、そもそも承継する意味がありません。

　本項目では、税負担を軽くしたい後継者の思惑と、"家系"を存続させたい経営者の想いがすれ違っていたことによりトラブルが生じた事例を検討します。

◆一刻も早く承継しないと優遇税制を受けられない

　都内で印刷業を営むA社長（75歳）は、45年ほど前に創業して順調に会社を成長させてきました。奥様はすでに他界し、ひとり娘のB子さん（経理担当取締役）と、その夫Cさん（専務取締役）が会社の後継者として頑張っており、B子さんとCさんの間には、大学生になる息子D君がいました。

　ある日、筆者はA社長から「緊急に事業承継の相談をしたい」と連

絡を受けました。何事かと会って話を聞いてみたところ、Ａ社長の相談内容は次のようなものでした。

「娘婿のＣが私に対して突然、税負担ゼロで自社株式を承継できるという事業承継税制（特例措置）について説明し、『一刻も早く東京都へ承継計画を提出して自分に自社株式を承継しなければ税の優遇を受けられない。早く自社株式を譲って欲しい』と要求してきました。私はこの制度に詳しくないのですが、Ｃの話は本当なのでしょうか？」と。

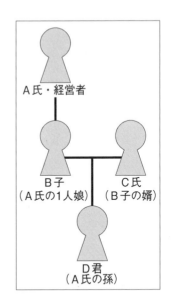

A氏・経営者

B子
（A氏の1人娘）

C氏
（B子の婿）

D君
（A氏の孫）

◆事業承継税制（特例措置）とはどんな制度か？

　Ｃさんが説明した「事業承継税制（特例措置）（措法70の7の5①・70の7の6①）」とは、2018年度税制改正で導入された制度のことで、10年間の期間限定で、自社株式に係る税負担の納税を猶予し、一定の条件を満たせば猶予が免除に変わる制度です。

　もっとも事業承継税制（特例措置）の税の優遇がいかに大きかろうが、実際に適用するかの判断は別です。筆者はＡ社長ご本人の事業承継の意向を尋ねました。

　「私（Ａ社長）はまだ自社株式を手放したくないし、代表取締役を降りたくもありません。ゆくゆくはＢ子に自社株式や事業用資産を相続させて、その後は孫Ｄが財産を引き継いでくれればいいと思っています。Ｃを介さず、私から娘、娘から孫という流れで事業承継できないのでしょうか？」とＡ社長は筆者に本音をのぞかせたのです。そこで筆者は、特例承継計画の後継者をＢ子さんにして代表権を持たせれ

ば、事業承継税制（特例措置）を適用することは可能であると説明しました。その際にB子さんを代表取締役専務、Cさんを代表取締役社長とすることも可能ですが、どちらにせよ2027年12月31日までにB子さんへ贈与又は相続を実行しなればならないことが必須だと伝えました。

◆ポツリと漏らした経営者の本音

　筆者はもう一つ、確認すべきことがあると思いました。税務上は、後継者がB子さんでもCさんでも事業承継税制（特例措置）の適用は可能です。しかし後継者として会社で頑張っているCさんを差し置いて、B子さんのみに自社株式を承継したいA社長の真意はどこにあるのかを聞いておかねばなりません。筆者の質問に対し、A社長はしばしの沈黙の後、言いにくそうに答えました。

　「私はA家の"名跡"を残したいのです。本当は、Cには養子になって苗字をA家にしてもらいたいのだが、なかなか切り出せないのです。A家の墓守を将来は孫のDにやってもらいたいのです」と。

　A社長にとって、経営や財産ではなく、家系が承継の主眼だったわけです。言いにくそうに話したA社長の言葉に嘘はなく、他の人にとってどうだろうと、本人にとっては非常に重要な問題なのでした。筆者が「B子さん、Cさん、D君に話したのですか」と聞くと、「何となく言いづらく、独りで悩んでいるだけで話し合ったことがないのです」とため息をつきました。

実務上の留意点

1　当事者同士でよく話し合うこと

　筆者はA社長に、家のことや墓守のことも含めて、まずは自分の想

いを3人とよく話し合ってくださいとアドバイスしました。小雨のな
か事務所を出ていくＡ社長に、「はっきりと伝えてください！逃げちゃ
だめですよ！」とエールを送って別れました。事業承継の前提条件は、
経営者の想い（意向）です。税負担や事業承継税制について悩む前に、
まず当事者間でよく話し合うことが何より大切です。話し合うことで
お互いの事業承継の想いが理解できるのです。

2　専門家に相談すること

　事業承継税制（特例措置）（措法70の7の5①・70の7の6①）や個人版事業
承継税制（個人の事業用資産についての贈与税・相続税の納税猶予及
び免除）（措法70の6の8・70の6の10）などは事業承継を行う上で、魅力的
な優遇税制ですが、その活用に当たっては様々な要件に注意を払う必
要があります。活用を検討する際は必ず専門家にメリットとデメリッ
トを比較してもらい、慎重に決定しましょう。

【37】　娘婿に自社株式を！親族の反対に悩む経営者の選択

事案の概要

　現代日本の中小企業における事業承継の大きな障害に、「少子化」問題があります。10年、20年前の事業承継ならば後継者はほとんどが自分の子ども（特に男子）が多く見受けられました。しかし近年では後を継ぐ子自体がいなかったり、いるとしても承継に消極的だったりと、後継者探しに苦労する経営者が多いのではないでしょうか。

　わが子に跡を継がせられない時には、子の配偶者や孫、甥・姪といった近い血族の中から探すか、でなければ会社の役員や従業員から選ぶという方法で事業を継続させることが必要になります。これらの方法では、会社の株式や事業用資産を後継者に引き継がせる一連の流れが家族への「相続」ではなく、第三者への「売買」という形になります。養子縁組や遺贈という手段を取れば第三者への事業承継を「相続」という形にすることも可能ですが、「相続」にしろ「売買」にしろ、どちらの方法でも第三者への承継は乗り越えなければいけないハードルがあり、なかなか容易にはいかないものです。

◆後継者候補は三女の結婚相手

　G社長は妻と3人の娘を持つ中小企業の経営者です【図1】。会社は清掃関係の事業を営んでおり、業績も好調で内部留保も十分に備えていました。G社長は以前から自分が引退する時の事業承継について考えていましたが、長女も二女も早いうちに結婚して家を出てしまい、

彼女らには事業を継ぐ意思が全くありません。また娘の配偶者たちもそれぞれ大手の会社ですでに重要な役職にあり、「跡を継ぐ気はない」と明言していました。そこでG社長は、残った三女の結婚に際して、娘婿となる

【図1】

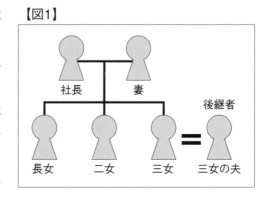

H氏に半ば強制的に事業を継ぐ約束をさせ、H氏を片腕として経営に従事させるようになりました。そして65歳になったG社長は、将来の自分の相続の際に、娘婿のH氏に会社の株式を譲る方法を顧問税理士に相談しました。

　顧問税理士は、まず娘婿のH氏をG社長の養子にしてはどうかと提案しました。自社株式を売買としてやり取りすると、H氏には買取りのための資金が必要となり、G社長には譲渡所得税が課されます。ですが養子になれば、娘婿のH氏はG氏の推定相続人となるため、売買関係を発生させずに自社株式を相続させることが可能となるわけです。

　しかしH氏を養子にすることについては、長女と二女から猛烈に反対されました。養子縁組を行って法定相続人を増やすということは、事業承継にとどまらない大きな問題ですから、長女や二女としても素直には頷けないところだったのでしょう。彼女たちの反対を押し切って養子にすると、後に「争族」の原因を作ることになりかねないと考えた末、G社長は養子のアイデアを断念せざるを得ませんでした。

◆娘婿への自社株式の遺贈は？

　そこで次に考えたのは、G社長が遺言書を作成し、会社の株式をH氏に遺贈する旨を記載する方法です。会社の定款に株式譲渡の相手を制限する規定が定められていれば取締役会などの承認を得る必要がありますが、この方法であれば娘婿のH氏に株式を譲り渡すことが可能となります。

　ですが、この方法にも欠点があります。相続人でない者への遺贈を行うときにのみ適用される税負担の加算ルールがあるからです。相続、遺贈などによって財産を取得した人が、被相続人の一親等の血族でも配偶者でもない場合、その人に課せられる相続税負担は税額の2割が加算されるのです（「相続税額の2割加算（相法18①）」）。具体的に「一親等の血族」とは、本人の親か子か、代襲相続人となった直系の孫のことを指します。つまり三女の夫であるH氏は、通常の相続税の2割増しとなる税負担を負うことになります。もし遺贈によって自社株式を譲り受けるとすれば、多額の税負担を覚悟しなければなりません。

◆親族外の後継者にも使える事業承継税制（特例措置）

　ところが、実際にはH氏は重い相続税負担を担う必要はありませんでした。中小企業の事業承継を円滑に進めるための減税特例である「非上場株式等に係る相続税の納税猶予及び免除の特例（事業承継税制）」を活用できるからです。

　この制度は、後継者が相続又は遺贈によって、経済産業大臣の認定を受ける会社の株式を先代経営者から取得して会社を経営していく時に、その会社の発行済議決権株式総数の3分の2までの部分について、課税価格の80％に対応する相続税の納税が猶予されるというものです。H氏は法定相続人ではありませんが、血族外の後継者にも認めら

れる制度となっています。この制度のイメージは【図2】のとおりです
が、詳しくは国税庁のホームページなどを参照ください。

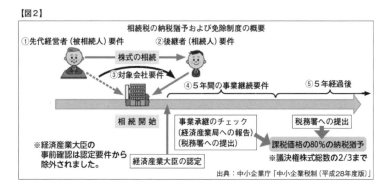

出典：中小企業庁「中小企業税制（平成28年度版）」

実務上の留意点

1　事業承継対策における後継者の多様化と手法の多様化

　本項目のケースでは遺贈と事業承継税制を活用してG社長の悩みを
解決できましたが、これ以外にも問題解決の手法には多様なバリエー
ションがあります。例えばG社長の相続に際して三女が自社株式を相
続し、夫であるH氏は経営に専念するという「所有と経営の分離方式」
を用い、将来的に三女とH氏の子（G社長の孫）の代で所有と経営を
一体化させるという手法もあります。

2　事業承継税制（特例措置）の活用で解決への糸口を

　事業承継税制（特例措置）（措法70の7の5①・70の7の6①）を上手に活用
すれば円滑な事業承継が実現できると思います。早いうちから専門家
に相談して、ご自身の事業承継に最適なプランを立ててもらうことを
お勧めします。

【38】　事業承継税制（特例措置）で対立！慎重な経営者と活用したい後継者

　2018年度税制改正により、事業承継税制（特例措置）(措法70の7の5①・70の7の6①) が創設されました。

　一見、事業承継税制（特例措置）は良いことずくめのような気もしますが、実際の適用に当たっては思いもよらない障害や新たなトラブルなどが勃発する危険性があります。

　本項目では、この事業承継税制（特例措置）の活用を模索していく中で発生したあるトラブル事例を検討します。

◆黙り込んでいた社長の一言とは…？

　ある会社の後継者候補であるＢさんという女性から、「会社に来て、特例措置について父親のＡ社長に説明してもらえないでしょうか」という依頼を受けました。Ｂさんは専務取締役で、他にＡ社長の妹のＩさんが経理担当の取締役を務めています。

　筆者は会社を訪問し、Ａ社長、Ｂさん、Ｉさんを前に、事業承継税制（特例措置）について説明を行いました。筆者が説明をしているあいだ、Ａ社長はほとんど口を開きませんでした。そして、一通りの説明と質疑応答がされた後、ぽつりとつぶやきました。

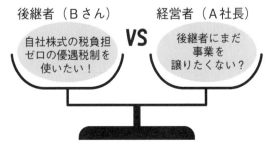

「この特例措置はいまひとつ俺の胸に響かないな。すっきり腑に落ちないな」。

これに、すかさず噛み付いたのが後継者であるＢさんです。「この制度は千載一遇のチャンスなのよ。積極的に活用しないともったいないわ」。

事業承継税制（特例措置）活用の是非をめぐり、Ａ社長とＢさんは激しく意見を戦わせましたが、結論が出ることはありませんでした。

◆語られた社長の真意「まだ譲れない」

数日後、Ｉ取締役から電話をいただきました。あれからＡ社長とＢさんは一切口を利かない状態が続いているそうです。そしてＡ社長が、「もう少し慎重に検討してから結論を出したい」と漏らし、もう一度筆者と2人だけで話をしたいと伝えてきました。

指定された日時と場所に伺い、筆者はＡ社長と2人きりでお会いする機会を得ました。Ａ社長は先日と打って変わって冗舌にお話しをされました。会社を設立した頃の苦労話に始まり、話題は徐々にＢさんのことへ移っていきます。会社の経営が忙しく、親としてＢさんにかまってあげられなかったこと、自身の高齢もあり早くＢさんに経営を譲ってあげたいこと、しかしＢさんの経営者としての資質にまだ懸念があることなどです。確かにこうした話題は、Ｂさんもいる席では話しにくかったでしょう。

事業承継税制（特例措置）の適用を渋ったのも、税金対策よりもＢさんに対して「譲りたくても譲れない」というもどかしさがあることが真意でした。税優遇を優先するあまり急いで事業承継を行えば、かえって社長になった後にＢさんが苦労するのは確実で、それがかわいそうだとＡ社長は涙ぐみながら話されました。

◆事業承継までの2027年12月31日までの猶予期間

　A社長には、「Bさんが社長の器になったら譲る」つもりがあること、ただしそれまでは「譲りたくても譲れない」という思いがありました。筆者は娘であるBさんへの愛情に感動し、同時に税金の話ばかりをしていた自分が恥ずかしくなりました。そしてA社長に対して、次のようなアドバイスをしました。

---

① 　社長がBさんを後継者と決めているのなら、事業承継税制（特例措置）を使うかどうか決めるのは今すぐでなくても結構です。締め切りである2023年3月31日までじっくりと考えてから、「特例承継計画」を都道府県に提出しましょう。
② 　B専務に実際に自社株式を引き継ぐかについても、今すぐ実行に移す必要はありません。事業承継税制（特例措置）の期限である2027年12月31日までにじっくりと考えた上、社長の判断で実行するかどうか決めればよいのです。
③ 　それまでの間に、事業承継のための環境を整備し、時間をかけて円滑に承継できる仕組みづくりをされたらいかがでしょうか。

　そして最後に筆者は、「事業承継税制（特例措置）は、『すぐ実行』というものではなく、『準備のスタート』と考えてください」とアドバイスしました。

　およそ2時間お話しするなかで、A社長がだんだん穏やかな表情になってきたのが分かりました。A社長は「どうも私にも誤解があったようです。あなたが娘に頼まれて強引に私を引退させようとしたと勘違いしていました」と頭を下げ、さらに「おっしゃるように10年間あるのですから、十分な準備ができますね。特例措置の導入については前向きに検討します」と言ってくれました。

　翌日、A社長との会話の内容を聞いたBさんも、「父のことを考えずに自分だけ主張していたことに気付きました。これからは父の立場も踏まえて、よく相談しながら進めていくようにします」と晴れ晴れとした様子でした。

実務上の留意点

1　事業承継税制（特例措置）では特例承継計画の取消しが可能

　5年以内に特例承継計画を策定し、都道府県知事に確認申請をして、「確認書」をもらったとしても、その後の取消しは可能です。

2　事業承継における経営者の役割を認識すること

　経営者の役割をまとめてみましたので、参考にして頂ければ幸いです。

> ・円滑な経営権と支配権の承継を計画する
> ・後継者に能力向上の機会を与える
> ・社内外の関係者に後継者を周知させる
> ・適齢期に承継する
> ・承継後の自身の関与の度合いを検討する

【39】 良いことばかりとは限らない！事業承継税制（特例措置）のBADなケース

事案の概要

　「事業承継税制（特例措置）（措法70の7の5①・70の7の6①）」は、事業承継時に自社株式にかかる贈与税や相続税の税負担をゼロにする、経営者にとって画期的な税の優遇措置です。

　ただし、単に優遇が拡充された事業承継税制（特例措置）を選べばよいというものではありません。本項目では、「事業承継税制（特例措置）」の活用に適さない"BAD"なケースを検討します。

◆事業承継税制（特例措置）を活用して自社株式を後継者に集中

　建設業を営むS社会長の太郎氏が、事業承継の相談に、筆者の事務所を訪れました。太郎氏には、妻の花子氏、社長であり後継者である長男の学氏、そして跡を継がず他県で別の会社に勤めて

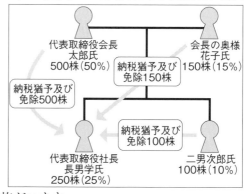

いる次郎氏という3人の家族がいます。

　相談の内容は、「事業承継税制（特例措置）」を活用して、太郎氏の持つ自社株式500株（全株式の50％）、花子氏150株（同15％）、さらに次郎氏100株（同10％）の自社株式、計750株を後継者の学氏に贈与することで、自社株式すべてを学氏に集中させたいという内容のものでした。

◆確かに税負担は大きく減少するが…

　その上で、事業承継税制（特例措置）を活用するに当たっては留意すべき点があることを伝えたところ、太郎氏は「特に問題はないと思いますが、一体どのような点ですか？」と不審げに眉をひそめました。そこで筆者は、事業承継税制（特例措置）の活用に当たり、以下の点が課題になることを説明しました。

---

① 　10年間の時限立法であること

　　事業承継税制（特例措置）の期限が今後延長されない場合、10年後以降の承継では事業承継税制（一般措置）を適用することになります。その時には、経営者と後継者を合わせて発行済議決権総数の3分の2しか制度適用が認められません。つまり今回の学氏への承継はよくても、次の世代（太郎氏の孫の世代）で、多額の税負担が発生する危険性があります。

② 　もし次郎氏（二男）が学氏（長男）よりも先に亡くなると手続が煩雑になること

　　もしものことがあって次郎氏が学氏よりも先に亡くなれば、本来次郎氏の相続人でない学氏も、相続税を申告しなければなりません。またその時には、贈与税の納税猶予から相続税の納税猶予の切替え手続を行い、以後原則として3年ごとに税務署へ納税猶予継続届出書を提出する義務が発生します。

　これらの説明を終えると、太郎氏は表情を改め、「結構面倒な点があるのですね」と理解を示してくれました。そこで筆者はさらに、「次郎氏の株式については、別の手法による譲渡を検討されてみては？」と言い、3つの選択肢を提案しました。

① 暦年課税の非課税の範囲内で、次郎氏が毎年、学氏と学氏の子どもに株式を贈与する

② 次郎氏の株式をいったん、すべて太郎氏に譲渡する。その上で、太郎氏から学氏へ特例措置を活用して贈与する

③ 従業員持株会を作り、そこに次郎氏が持つ全株式を買い取らせる

太郎氏は学氏と協議した結果、次郎氏の株式の譲渡に関しては事業承継税制（特例措置）ではなく③の手法を活用することを決めました。

◆事業承継税制（特例措置）の利用がBADな場合とは？

事業承継税制（特例措置）の活用が"BAD"となるのは、主に3つの可能性が考えられます。

1　適用後における経営上のトラブルの危険性

先代経営者と後継者の間で会社の経営戦略や経営方針についてのギャップがあり、将来的に対立が起こる可能性があるなら、事業承継税制（特例措置）の適用は向いていません。

2　適用後における法律上のトラブルの危険性

後継者以外の推定相続人に事業承継に関する理解が足りず、民法の遺留分侵害額の請求（民1046）を起こす危険性が高いなら、事業承継税制（特例措置）の活用は向いていません。

3　5年以内の承継計画提出と10年以内の贈与期間を逸失の危険性

特例承継計画の提出期限である5年以内に後継者が選択できなかったり、また承継期限である10年以内に贈与の決断ができなかったりする可能性が高いなら、事業承継税制（特例措置）の適用は向いていません。

実務上の留意点

1　事業承継税制（特例措置）の基本要件の確認

　「良薬は口に苦し」といいます。事業承継税制（特例措置）の活用に当たっては、次の点に注意してください。

---

① 　経営者の年齢が60歳以上か

② 　後継者の年齢が20歳以上か（注：2022年4月1日以降は18歳以上）

③ 　会社の財務内容が「純資産」4億円以上であるか

④ 　経営者の推定遺産額のうち、自社株式の評価額が1億円以上であるか

⑤ 　2023年3月31日までに後継者を確定できるか

⑥ 　2027年12月31日までに贈与・相続を実行できるか

　上記に当てはまる企業は、おおむね事業承継税制（特例措置）の適用に向いているといえます。事業承継税制（特例措置）の活用を一つの選択肢として視野に入れつつも、経営者と後継者にとって最適な方法で円滑な承継を行えるようにしましょう。

2　プロが特に活用したい事例

　次のような場合には、事業承継税制（特例措置）を活用するメリットがあると考えられます。

【事業承継税制（特例措置）の活用がGOODな場合】

・自社株式の相続税評価額が非常に高い水準にある場合

・経営者の死亡時に想定される相続財産に占める自社株式の割合が高く、また、相続人の納税資金が少なく、それをこれから準備す

る事が非常に困難な場合

・事業の成長・発展状況から、今後の自社株式の相続税評価額の高い水準での上昇が確実に見込まれる場合

3　適用するかどうかの判断の目安

(1)　自社株式の相続税評価額の状況

GOODなケース	BADなケース
・自社株式の相続税評価額が非常に高い水準にある場合 ・経営者の死亡時に想定される相続財産に占める自社株式の割合が高く、また、相続人の納税資金が少なく、それをこれから準備する事が非常に困難な場合 ・事業の成長・発展状況から、今後の自社株式の相続税評価額の高い水準での上昇が確実に見込まれる場合 ・自社株式が経営者のみならず、その配偶者や親族等に分散しており、自社株式を後継者に集中させたい場合 ・経営者から会社役員や従業員等の親族外の後継者へ自社株	・自社株式の相続税評価額が非常に少額である場合 ・死亡時に想定される相続財産に占める自社株式の割合が低く、相続人の納税資金が十分な場合 ・今後自社株式の相続税評価が大幅に減少することが見込まれる場合 ・すでに暦年課税贈与により、後継者への自社株式の集中が完了している場合

式を移行する際に、売買でなく「贈与又は相続等」を行う場合	

(2)　経営者と後継者、利害関係者の状況

GOODなケース	BADなケース
・経営者が事業承継に積極的に取り組んでいる場合 ・後継者が確定しており、かつ、会社の経営に意欲と責任を持っており、経営者との経営方針や経営戦略についての意見が一致している場合 ・後継者以外の推定相続人が事業承継に関して理解を示しており、遺留分の侵害請求を受ける危険性が低いケース	・経営者が事業の承継をまだ先のことと考えており、当面事業承継行う意思のない場合 ・経営者と後継者の間で今後の経営方針や経営戦略に関して意見が一致していない場合 ・後継者以外の推定相続人の遺留分の侵害請求を受ける危険性の高いケース

(3)　後継者に求められる適格性の状況

GOODなケース	BADなケース
・後継者に社長としての資質が備わっており、10年以内の事業承継の実行を予定しているケース ・後継者が贈与時点で20歳以上であり、贈与日までに3年以	・後継者がまだ社長としての資質が備わっておらず（事業に意欲がない、考えが未熟である等）、当面の事業承継の目途が立たないケース ・後継者がまだ非常に若年であ

上役員に就いているケース ・後継者が複数おり、それぞれが会社経営に意欲と責任を持っており、かつ、将来的に複数人体制の経営を行う方針である場合	り、本特例措置の要件を満たさないケース ・後継者が複数おり、後継者同士に経営方針の不一致等の意思疎通に問題がある場合

（注）　2019年度税制改正より、2022年4月1日以後の贈与から受贈者の年齢要件は「18歳」となります。

第6章　M&A・事業譲渡・その他

＜第6章のポイント＞

　中小企業を取り巻く事業承継の環境は厳しい状況です。そのため、事業承継対策は早めの取組が重要となります。

　事業承継の対策はその事業に価値があるか、現状での承継が可能であるかどうかを分析して把握する必要があります。

1　事業承継対策の基本的なフローチャート

　事業承継対策では、まず最初に会社を取り巻く「ヒト・モノ・カネ」などの現状を正確に把握することが重要です。

　次に、事業承継に必要な価値源泉が現状で承継可能かどうかを検討してください。可能であると判断できたら、いよいよ事業承継に向けての環境整備と後継者の選定に向けてスタートしましょう。

　なお、事業承継においては、承継のための仕組みづくりや環境整備に時間をかけることが重要ですので、具体的な対策の実行はそれから計画的に実行していきます。

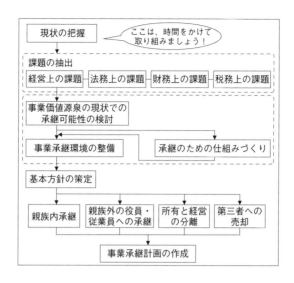

2　各承継方法のメリット・デメリット

　「誰に会社（経営）を承継させるか（後継者の確定)」によって、次のような様々なメリットとデメリットがあります。

　後継者選びに当たっては、関係者と意思疎通を図ることや、各承継方法のメリット・デメリットを把握することが重要です。

	Ⅰ　親族内承継	Ⅱ　親族外承継 （従業員など）	Ⅲ　親族外承継 （第三者）
メリット	・一般的に、内外の関係者から心情的に受け入れられやすい ・後継者を早期に決定し、後継者教育等のための長期の準備期間を確保することも可能 ・相続等により財産や株式を後継者に移転できるため、所有と経営の分離を回避できる可能性が高い	・親族内だけでなく、会社の内外から広く候補者を求めることができる ・特に社内で長期間勤務している従業員に承継する場合は、経営の一体性を保ちやすい	・身近に後継者に適任な者がいない場合でも、広く候補者を外部に求めることができる ・現経営者が会社売却の利益を獲得できる
	・親族内に、経営の資質と意欲を併せ持つ後継者候補がいるとは限らない	・親族内承継の場合以上に、後継者候補が経営への強い意志を有していることが重	・希望の条件（従業員の雇用、価格等）を満たす買い手を見つけるのが困難である

デメリット	・相続人が複数いる場合、後継者の決定・経営権の集中が難しい（後継者以外の相続人への配慮が必要）	要となるが、適任者がいないおそれがある ・後継者候補に株式取得等の資金力が無い場合が多い ・個人債務保証の引き継ぎ等に問題が多い	・経営の一体性を保つのが困難である
留意点	学校卒業後に他社に就職し、一定のポジションに就いている等の場合を含め、家業であっても、早めにアナウンスをして本人の了解を明示的に取り付ける取り組みが必要	従業員は経営リスクをとる覚悟で入社、就業してきておらず、白羽の矢を立てた幹部従業員が経営者となる覚悟を得るために早めのアナウンスと本人の了解を明示的に取りつける取り組みが必要	社内に後継者がいない場合、検討することを先延ばしにしてしまいがちだが、早めに近くの事業引継ぎ支援センターなどの支援機関に相談することが必要

（出典：中小企業庁）

　いずれの承継方法を選択するにしても事業承継対策の期間は通常5年から10年程度必要とします。事業承継対策の実行の前に、まず「準備のスタート」から行うことが大切です。

3　親族内承継のポイント

　後継者に経営者としての資質と自覚があるかどうかがポイントです。親族内承継では、経営者からその子供への事業承継であることから、社内関係者・取引先・金融機関又は経営者の他の相続人などの関係者が心情的に受け入れやすくなり、後継者を早期に確定することができます。

　しかしながら、後継者が経営者としての資質と自覚を磨き上げるためには、後継者教育の準備期間をしっかりと確保する必要があります。

【後継者教育の例】

区　分	ポイント	効　果
社内での教育	各分野の仕事をローテーション	経験と必要な知識・人脈を習得させる
	管理職を担当	経営に対する責任感をもたせる

	現経営者が直接指導	経営理念を伝承させる
社外での教育	他社での修業	経営ノウハウ・視野などを拡大させる
	関連会社の経営就任	経営感覚を養う
	事業承継の各種セミナーへの参加	知識の習得・視野を拡大させる

4　親族外承継（従業員など）のポイント

　中小企業における事業承継では、親子間を中心とする親族内承継がほとんどと考えられがちですが、年々親族以外から後継者を選んでいる事例が多くなっています。

　親族外承継の多くは役員や従業員などの社内関係者を後継者とするケースです。親族外承継では、親族内承継と違い関係者の理解と協力を得るには時間がかかる場合が多く見受けられます。したがって、後継者候補の選定、後継者教育に当たっては十分に環境整備を行う必要があります。

5　親族外承継（第三者）のポイント

　親族内承継又は親族外承継において後継者候補が見つからない場合で、従業員の雇用維持や取引先との取引維持などを希望するケースでは、会社を売却して第三者に経営を委ねる方法も選択肢としてあります。

　このようなケースで筆者に一番多い質問は「会社はいくらで売れるのか」ということです。そこで、ご自身で自分の会社の価値を概算で

算出する方法をご紹介します。

6　レッツチャレンジ（M＆Aにおける会社の売却価値の試算）

　これは、筆者が中小企業庁からの制作協力の依頼で作成した簡易自己診断です。次の手順に沿って記入してください。

●簡易自己診断のためのデータ	事例	記入欄
【最新の貸借対照表から記入】		
①純資産額（＝純資産合計＝資産合計－負債合計）	50,000,000 円	① 円
②資産のうち、「現金及び預金、貸倒引当金控除後の短期及び長期貸付金」の合計金額	14,800,000 円	② 円
③負債のうち、「短期借入金、社債、長期借入金」の合計金額	6,000,000 円	③ 円
【最新の損益計算書から記入】		
④営業利益 （注）数値は年（12ヶ月）換算で、最近3年間あるいは5年間の平均値を用いるのも有用です。	4,800,000 円	④ 円
【その他の事項】		
⑤純資産調整額（資産の含み益－資産の含み損－未計上債務） （注）土地の含み益や含み損、従業員の退職給付債務等、決算書に反映されていない損益を記入します。	△2,000,000 円	⑤ 円
⑥実効税率（一般的には38％～42％の間で決定） （注）課税所得の現状を考慮しながら設定します。	40.00 ％	⑥ ％
⑦資本コスト（一般的には7％～10％の間で決定） （注）資本コストとは、営業利益を何倍にすれば企業価値になるかを示すものです。上場会社に匹敵する規模や収益性の会社は7％に近い数値、そうでない会社は10％に近い数値で設定します。	8.00 ％	⑦ ％
⑧発行済株式総数 （注）発行済株式総数から自己株式を控除した株式数を記入します。	16,000 株	⑧ 株

自社株式売却価格の簡易自己診断

自己診断に利用する評価法は「純資産法」と「収益還元法」の2種類です。それぞれの評価方法だけでは不十分な面もありますので、自己診断では、これら2種類の評価方法を併用し、それらを総合的に判断することによって、株価を試算してください。

これらの方法によって算定された一株当たりの株価を、売却株式数に掛け合わせたものが自社の売却価格の目安となります。

（単位：円）

●貸借対照表を基礎とする企業価値の評価法（純資産法）				記入欄
基礎数値	貸借対照表の純資産額	①	50,000,000	
調整計算	評価のための調整額	⑤	△2,000,000	
	調整後純資産額	A（①＋⑤）	48,000,000	
評価額	発行済株式総数	⑧	16,000	
	一株当たりの価格	A÷⑧	3,000	

（単位：円）

●損益計算書を基礎とする企業価値の評価法（収益還元法）				記入欄
基礎数値の計算	損益計算書の営業利益	④	4,800,000	
	実効税率	⑥	40%	％
	営業利益に対する法人税等	B（④×⑥）	1,920,000	
	税引後営業利益	C（④−B）	2,880,000	
調整計算	資本コスト	⑦	8%	％
	還元価値	D（C÷⑦）	36,000,000	
	加算：預貯金や貸付金	②	14,800,000	
	減算：借入金や社債	③	6,000,000	
	調整後価値	E（D＋②−③）	44,800,000	
評価額	発行済株式総数	⑧	16,000	
	一株当たりの価格	E÷⑧	2,800	

（出典：中小企業庁「事業承継ガイドライン　20問20答　中小企業の円滑な事業承継のための手引き」制作協力：城所弘明（税理士・公認会計士）／幸村俊哉（弁護士））

【40】　経営者が認知症に！迫られる廃業かＭ＆Ａかの二者択一

> ### 事案の概要

　事業承継は企業にとって重要な経営課題の一つですが、どうしても販路開拓や他社との競争といった目先の重要な経営課題に追われ、先送りにされがちです。しかし事業承継についてある程度の予定を立ててあらかじめ準備しておかないと、経営者が高齢になったときに、突発的な病気や事故の発生によって事業経営が不安定になったり、事業そのものの継続が困難になったりする危険性があります。

　本項目では、高齢の経営者が認知症を発症し、受け皿となるべき後継者が不在だったために、廃業かＭ＆Ａかの選択を迫られることとなった事例を検討します。

◆社長と専務がそろってリタイア

　A社は大手企業の下請けを行っている板金業で、好業績を持続し内部留保も充実している優良企業です。創業者であるＢ代表取締役社長（75歳）が大手企業との受注取引の強化などに経営手腕を発揮していたことと、弟のＣ専務取締役（72歳）が長年にわたり陰日なたなくＢ氏を支えてきたことによります。数年前からメインの金融

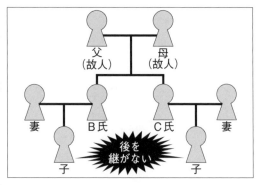

機関より多額の融資を受けて、大規模な設備投資も行ってきました。しかし最近になってB氏に衰えが見え始め、特に物忘れがひどくなってきました。病院に行ってみると、「認知症」と診断されたのです。

　そこで急遽、社内で協議を行い、長年B氏の片腕として貢献してきた弟のC氏を代表取締役社長にしたのですが、C氏も病気がちで、事業の一線から退きたいと申し出たことから大変な事態に陥りました。

◆メインバンクはM＆Aを提案

　慌てて親族や会社内から後継者探しを始めましたが、B氏とC氏それぞれの子どもらにはすでに自分たちの生活があって会社を継ぐ気はなく、社内にも適当な候補者は見つかりません。このままいけば経営者不在となるA社は業績の悪化は確実で、さらには設備投資のために受けた融資の連帯保証人になっているB氏とC氏の連帯保証債務が、個人資産を上回る危険性まで生じてきました。そしてとうとうメインの金融機関からM＆Aによる会社売渡しを助言されてしまったのです。事業の継続が困難ならば金融機関の提案どおりM＆Aに踏み切るか、あるいは廃業を選ぶしかありません。

　事業承継は、まず「後継者の決定」が重要なポイントであり、子ども、子の配偶者、甥・姪、配偶者、場合によっては孫や会社の役員など、幅広く「候補者」を募り、そのなかで慎重に選定することが重要です。

　本項目のケースでは、ほぼ同年代の兄弟が会社経営をしている状況にもかかわらず、後継者の選定や教育などの事業承継の準備を怠っていたため、突然の事態に対応できず、事業の継続が困難になってしまったわけです。

◆廃業とM&A、どちらを選ぶ?

　廃業とM&Aのどちらを選ぶにせよ、その道程は簡単ではありません。両者の相違点を比較してみると【表】のようになります。M&Aを行う時に重要なことは、自分の会社がより高く評価されるために「会社の事業価値の向上」を図ることです。

　具体的には、相手先と交渉に入る前に次のような項目に注意しましょう。

---

① 　実績の改善や伸長、無駄な経費支出の削減を行う

② 　貸借対照表のスリム化（事業に必要のない資産の処分など）を図る

③ 　セールスポイントとなる会社の「強み」を作る

④ 　計画的に役員や職員への業務の権限委譲を進める

⑤ 　オーナー個人と企業との線引きを明確にする（資産の賃借、ゴルフ会員権、自家用車、交際費など）

⑥ 　株主及び株主名簿の事前整理を行う

【表】廃業とM&Aの違い

項　目	廃　業	M&A（第三者へ株式譲渡）
資産の評価	処分価値	事業活動における利用価値
経営者の個人保証	会社で負債を完済できない時は、経営者が保証を求められる	原則として、経営者の個人保証は解除される
従業員	退職となる	原則として雇用は維持される
取引先との関係	原則として断絶する	会社として関係は継続する
残余財産	法人解散事業年度の所得課税とオーナー（株主）個人への配当課税（住民税と合わせて最高税率55%）が発生する	株式の売却益に対する所得税の源泉分離課税（住民税と合わせて20.315%）が発生する

実務上の留意点

1　事業承継では早めに後継者候補を選定しておくこと

事業承継においては早い段階から、「後継者」候補を検討しておくべきです。現代の中小企業の経営においては、何が起こるか分かりません。まだ先のことと考えず、いざという時の後継者候補を準備しておきましょう。

2　Ｍ＆Ａでは会社の魅力の「磨き上げ」がポイント

Ｍ＆Ａにしろ、廃業にしろ、一定の準備期間が必要です。Ｍ＆Ａでは買い手の選出や、デューデリジェンスなどの手続が必要となります。廃業では残余財産の処分が必要となります。

また「売れる」会社になるためには、会社の魅力の「磨き上げ」が必要となります。現時点での会社の売却価格の目安を試算するとともに、企業価値を向上するための経営改善に取り組むことが大切です。

【41】　中継ぎ社長まさかの造反劇！社長VS創業者一族のお家騒動

事案の概要

　近年、日本は中小企業経営者の高齢化が進み、それに伴って経営者の認知症などの病気のリスクも高まっています。内閣府が発表した「高齢社会白書（概要版）」によれば、2025年には認知症患者は約700万人、つまり高齢者の5人に1人が認知症を発症することが見込まれています。

　中小企業の経営者が認知症になった場合には、判断力が低下により、経営や事業承継に悪影響を及ぼすケースが多く見受けられます。本項目では、事業承継の準備が整う前に認知症を患ってしまった経営者の会社に起こったトラブルを検討します。

◆忠実な部下だったのに…

　S社の創業者であるG氏は、数年前に認知症を発症し、会社経営が困難になりました。後継者の長男Y氏はまだ修行中で、別の会社で働いています。長男を経営者に据えるには早すぎると判断したG氏の妻・M子さん

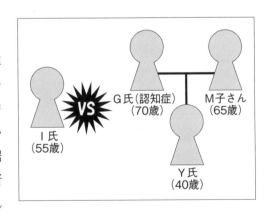

は、G氏の忠実な部下だった専務取締役のI氏を社長に昇格させ、長男Y氏が後継者としてS社に戻ってくるまでの"中継ぎ登板"を依頼

しました。そしてⅠ氏もそれを快諾しました。

ところが3年ほど経過した頃、中継ぎだったはずのⅠ氏が、「会社の株式を買い取りたい。もし断るのなら、幹部社員を連れて独立し、既存の顧客をすべて頂いていく」という趣旨の申入れをしてきたのです。

さらにⅠ氏は、「すでに社内の各部署のキーマンには話を通して了承を得ている」と言ってきました。

信頼していた部下からの思いがけない"裏切り"に思い悩んだM子さんと長男Y氏が、筆者の事務所に相談に来たのです。

◆相談内容の論点整理

あまりに予想外の出来事に、M子さんも長男Y氏もどうしていいのか分からずに混乱しているようでしたが、筆者が事実確認をしながら話を聞いたところ、論点を以下のように整理することができました。

---

① 自社株式の状況

　　会社の株主構成は創業者G氏が45％、妻M子さんが40％、長男Y氏が15％。買取りを要求してきたⅠ氏は現状では株式を保有していない

② 社内の風向き

　　Ⅰ氏は創業の頃から創業者G氏に忠実に仕え、営業を担当していた。そのため社内だけでなく、得意先からの信頼も厚く、Ⅰ氏がもし別会社を設立した場合、社内から同調者がどれだけ出るかは全く予測できない

③ Ⅰ氏の行動の理由

　　忠実な部下だったⅠ氏がこのような行動に出た動機については、経理担当役員として社内にとどまっているM子さんがⅠ氏の経営方針に口出ししていることがあると予想される

> 　さらに、創業者の妻であるというだけでM子さんが社長である
> I氏よりも高い役員給与を取っているのではないかという誤解も
> あるようだ
> ④　M子さんの希望
> 　M子さんは「息子のY氏にどうしても事業を承継させてやりた
> い」と熱望している

　話を聞き終わった筆者は、まずM子さんと長男Y氏に対して、「利害
対立が生じた際の交渉事は、一方的に自分側の意見だけ通そうと思っ
てはいけません。絶対に譲れないポイントだけは妥協しない代わり
に、譲れるべきところはお互いに譲り合って、なるべく円満に折り合
いをつけるのが解決の道です」とアドバイスをしました。そして、弁
護士を交えてよく相談した上で次のような基本方針をまとめました。

> ①　長男Y氏は修行をすぐにやめて、まずは取締役に就任する。併
> 　せてM子さんの兄も非常勤取締役に就任させて、取締役会の過半
> 　数を握る
> ②　すべての社員を対象とした面接を実施する。I氏に同調してい
> 　る社員については、創業者G氏（認知症で意思能力なし）の同席
> 　の上、「会社に残って、助けてほしい」と説得する
> ③　I氏との交渉では絶対に譲れないこととして、会社は創業者一
> 　族のものであり、I氏に株式を譲渡することは全く考えていない
> 　と主張する。もしI氏が本当に別会社を作って競合した時は、訴
> 　訟手続に移る
> ④　I氏との交渉では、妥協案として、I氏に対し高額な役員給与
> 　を提示する。さらに毎年の会社の利益に応じた額を、翌事業年度
> 　の賞与（事前確定届出給与）として支払うことを約束する。I氏

> には、将来的に長男Y氏が代表取締役に就任した後も、代表取締役会長として健康が許す限り会社に残ってもらう。また創業者G氏から長男Y氏への事業承継に最後まで協力してもらえるのならば、退職時に1億円相当の退職金を支払う

◆大事なのは当事者の納得

　方針を固めたM子さんと長男Y氏は、I氏との交渉に臨み、最終的にはI氏が妥協案を受け入れて決裂を回避することができました。

　その後、I氏とM子さんを中心に、次のような組織改革を行いました。

> ①　M子さんの役員給与の減額
> ②　月次決算の報告を役員会で行い、経営情報を共有化
> ③　企画・営業・製造など事業部門を超えた若手社員による青年部を結成し、会社の強みや弱み、将来のビジネスチャンスなどについて話し合う、長男Y氏を中心とした社内勉強会を実施

　M子さんも長男Y氏も、自分たちを裏切ろうとしたI氏に対する確執や嫌悪の感情があったとは思いますが、「対立解消後はノーサイド」という弁護士のアドバイスを受け入れ、I氏とは現在でも家族ぐるみの付き合いが続いているそうです。またI氏も、長男Y氏のよい後見役として、役割を果たして頂けているとのことです。

実務上の留意点

1　事業承継では周囲の理解が必要不可欠

　事業承継においては当事者の一方的な希望は通りません。先代経営

者と後継者、さらに事業を取り巻く利害関係者の大多数が納得することが大切です。事業承継では事業を取り巻く利害関係者がウィンウィンの関係になることが理想でしょう。特に後継者以外の会社幹部への配慮が大切です。

2　事業承継の取決めは文書化すること

　事業承継において後継者が経営者として育つためには一定の期間が必要です。それまでの間、中継ぎで会社幹部が経営を行うこともあるかもしれませんが、その場合もきちんと合意内容を文書にして取り決めておく必要があります。

　ゆっくりと時間をかけて後継者が経営者として育つような承継の仕組みづくりを行いましょう。

【42】　愛着のある会社を残したい！社内承継でとった奇策

　事業承継の手法や流れには、多くの会社に共通する「基本的なパターン」というものがあります。しかし実際の現場に立ち会ってみれば、その流れに沿うだけで完結することはほとんどなく、経営者の想い、後継者の考え、事業をめぐる利害関係者の状況などによって基本的なパターンにアレンジが加わっていたり、そもそもパターンから逸脱したりと、十人十色の事業承継の手続や手法が要求されるものです。

　本項目では、会社に非常に愛着をもっている経営者が奇策を講じて、「会社」を残して「事業」を後継者に承継させた事例を検討します。

◆子のいない社長夫妻の選んだ後継者は…

　辰見工業(仮名)は、大手製造販売会社の下請けで、丁寧で正確な技術力に定評があり安定的な好業績をあげている板金会社です。創業者のＳ氏は、自分が辰年生まれなので社名を「辰見工業」と命名し、当初はスポット溶接機のみの設備しかない状況下で文字どおり朝から晩まで

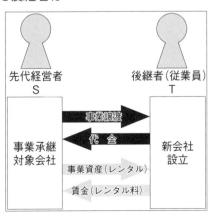

働き、奥さんも従業員の食事の面倒や会社の経理などを行いながら会

社を育ててきました。取引先の信頼も厚く安定的な受注があったおかげで、現在では高額なレーザー加工機の設備を持つ中堅企業に成長しています。しかし、このS夫婦には子どもがいません。気付いたらS氏も65歳になり、また最近になって、視力が低下する病気を患ってしまいました。事業の先行きに思い悩んだS氏は、後継者として従業員のT氏に白羽の矢を立て、彼の両親を交えて相談した結果、なんとか自分の後継者になることの了解を取り付けることができました。

　その後の具体的な事業の承継への手法について悩み、筆者の事務所に相談に訪れたのです。

◆手塩にかけて育てた会社を残したい！
　S氏との面談の結果、次のようなことが分かりました。
　（1）　会社の現状
　会社の主な財産の状況には、本社兼工場の土地と建物といった不動産に加えて、レーザー加工機などの機械設備、さらに預貯金などがあります。また業績も長期にわたって好調だったこともあり、自社株式はかなりの高水準になっておりました。
　（2）　S氏の想い
　事業承継に当たって、S氏の想いは次のようでした。
①　社名の「辰見工業」は自分が辰年生まれなので命名したもので、自分としてはとても愛着がある。会社を引き継げばT氏は自分なりに思い入れがある社名に変えたがるかもしれないが、できれば何らかの形で残してほしい
②　辰見工業の土地と建物は銀行からお金を借りて苦労して買った経緯があり、会社所有の絵画も自分の故郷の景色を描いたものでとても気に入っている。これらを全部手放すことは、今までの人生をすべて手放すような気持ちになり、辛い気持ちになる

③　自分自身は、Ｔ氏に経営を引き継いだら半年以内に完全に引退し
たい。今の自宅も売却して温暖な地域に引っ越し、目の治療をしな
がら妻との余生を送りたい

◆願いを叶える特殊な承継計画

　Ｓ氏との相談を行い、さらに後継者であるＴ氏とも個別に面談を重
ね、十分に検討した結果、筆者は次のような事業承継の基本方針を提
案しました。

　まず後継者であるＴ氏に寅田工業（仮名）という新会社を設立させ
ます。そしてメイン取引先である大手製造販売会社にも了解を得た上
で、辰見工業の主力事業を寅田工業に譲渡します。辰見工業の従業員
についても、当初は寅田工業に出向という形で、半年以内には転籍さ
せて寅田工業に移します。事業に必要な土地と建物、設備などの事業
用資産については、辰見工業が寅田工業に長期間のレンタルを行うと
いう形で引き継ぎ、寅田工業はその賃料を辰見工業に支払うという形
を取ります。今後の設備更新については、寅田工業で調達するので辰
見工業に負担は生じません。併せて辰見工業は定款を変更して、事業
目的に不動産の賃貸、設備の賃貸を加えます。

　こうすれば、新会社である寅田工業は人員と設備を具備し、不動産
だけ辰見工業から賃借することになります。自身の会社としてリニュ
ーアルを図りたい後継者Ｔ氏と、長年をかけて育て上げた辰見工業を
何らかの形で残したいＳ氏の双方の希望が満たされ、事業内容そのも
のについては現在の状況を維持できます。辰見工業には賃貸料が継続
的に入るため、リタイア後の生活を充実させたいＳ氏の望みも叶うこ
ととなります。

　筆者の提案に対して、Ｓ氏とＴ氏は大筋で基本方針に納得しました
が、一点だけＴ氏からは「事業を引き継ぐに当たって資金も取引先へ

の信頼も乏しいので、しばらくはS氏にバックアップをお願いしたい」との強い申出がありました。S氏はその申出をありがたく思いながらも、「病気で視力低下が進行しているので、完全に引退して治療に専念したい」とT氏に伝え、T氏も納得して最終的には両者とも晴れやかな顔で事務所を後にしました。事務所を出ていく2人の後ろ姿は、まるで本当の親子のように見えました。

実務上の留意点

1　「事業譲渡」という手法の検討

　事業承継は必ずしも自然人である経営者から、自然人である後継者（子供、親族、親族外の役員・従業員）への自社株式や事業用資産の移動だけとは限りません。後継者が存在しない場合や後継者に事業を引き継ぐ資金力が欠けている場合には、第三者である法人間の事業譲渡やM＆Aもあり得るのです。

2　親族外承継（従業員等）では承継のための資金がポイント

　親族外承継の例として、共同創業者、番頭格の役員、工場長等の従業員他が多く見受けられます。一般的には後継者の株式買取り資金が課題となります。本項目のケースのように「事業譲渡」して事業用資産を賃貸借する手法も一つの承継パターンとなります。

3　関係者の理解を深めることがポイント

　社内関係者、社外取引先に事業承継の協力を取り付けることが重要です。特に後継者を一定期間役員等に社内昇格させ、社内での認知を受けることが大切です。

【43】　社内承継後のトラブル！あの時僕は若かった

事案の概要

　事業承継対策は、現状の把握に始まり、課題の抽出、基本方針の策定、承継計画の作成、対策の実行という流れに沿って行われます。しかし対策が実行されたとしても、事業承継はそれで終わりではなく、その後もトラブルの種は存在するのです。むしろ「終わりの始まり」ともいうべきものです。事業承継のコンサルでは、承継後のメンテナンスもまた重要な業務なのです。事業承継の対策を進めている真っ最中は経営者も後継者も気持ちが高揚していて細かいことに注意が向かないものですが、承継を終えて何年かすると様々な不都合が発現してくるものです。

　本項目では、なんと【42】でご紹介した円満承継の数年後に起きたトラブル事例について検討します。

◆社内承継で円満解決のはずが…

　【42】の事例を簡単に振り返ってみましょう。先代の経営者だったＳ氏は従業員Ｔ氏に会社（寅田工業）を設立させ、事業を譲渡しました。そして寅田工業の事業に必要な土地と建物、設備などの事業用資産をＳ氏の会社（辰見工業）から長期間レンタルすることとし、後継者Ｔ氏の会社はその賃料を先代経営者Ｓ氏の会社に支払うこととなりました。また新規設備については設備更新の都度、Ｔ氏の会社が調達を行うことで合意しました。

　そしてＴ氏の会社からＳ氏の会社に毎月レンタル料が振り込まれて、6年が経過した頃に事件が起きました。

　ある日突然、静岡の保養地で余生を送っているＳ氏のもとにＴ氏か

ら電話がかかってきました。その内容は、土地や建物などの不動産の名義をＴ氏の会社に無償で引き渡してくれというものでした。Ｔ氏の主張をまとめると次のようなものでした。

「税務調査に来た調査官、取引銀行の担当者、顧問税理士と、みんながレンタル料は不当に高いと指摘していますよ。事業承継した当時、僕は若く、立場が弱かったので言えなかったが、この際はっきりと言わせてもらいます。今まで支払ってきた不当に高いレンタル料で、十分に賃借している土地や建物を買えるはずです。土地と建物の名義を私の会社に変えてください」と。

Ｓ氏にとっては青天の霹靂で、あわてて筆者の事務所へ相談にやってきました。

◆Ｔ氏の言い分は正当か？検証と話合いを経て…

筆者はだいたいの事情を理解した上で、日を改めてＳ氏に同行し、Ｔ氏の会社近郊の新幹線のターミナル駅の喫茶店でＴ氏と待ち合わせました。

数年前の事業承継時に会った時に感じていた穏和で謙虚な態度はすっかり消え失せていました。ただただ不遜な態度で、「俺はいいんだけど、みんながレンタル料は不当に高すぎると言っていますよ」とうそぶくばかりでした。隣に座っているＳ氏がショックのあまり体を震わせていることに気付き、筆者はＳ氏に代わって次のように話を切り出しました。

「税務調査で調査官からレンタル料が高いと言われたとおっしゃっていましたね。ということは、この件でレンタル料を高額過ぎると否認されたのですか。もし本当にそうであるならば、どのような内容で否認されたのか私の方から確認させてもらいたいと思います。またレンタル料が不当だと言っている金融機関の担当者を教えてください。

固定資産税評価額や路線価などの基礎資料をきちんと確認した上で、どういう理由でそう主張しているのかを確認させてください」。

さらに筆者は畳み掛けました。

「どうして、この場にそちらの顧問税理士を連れてこないのでしょうか。この件について顧問税理士にしっかりとした説明を聞かせてもらいたいと思います。そもそも、事業承継当時はあなたに個人的な資金能力がなかったので、この手法による承継を行ったわけです。しかもSさんはあなたの負担を少しでも軽くするように、相場より少し低い水準でレンタル料を設定したことをあなたにもしっかりと説明したはずです。『不当』という言葉を安易に使っていらっしゃいますが、このことでSさんがどれだけ傷ついたのか考えたことがありますか。私もプロですから、自分も関わって設定した金額を不当と言われれば納得できません。しっかりとした回答をあなたから頂かなければ、それなりの処置を取らせていただきます」。

T氏の不遜な表情は途中からすっかり鳴りを潜め、「税務署の話も銀行の話もすべて自分の誤解だったので確認しないでほしい」と釈明し、打って変わってS氏に謝罪しました。それでもS氏は固い表情で、賃貸している土地・建物についてはもう未練もないので、税務上問題のない価格でT氏に譲渡してもよいと伝えて別れました。

結局、3か月後にS氏の会社の土地・建物はT氏の会社に売却されました。相場よりも比較的低い価格での譲渡でしたが、S氏としてはもうこれ以上T氏と関わりたくないとの一心で早い決着となりました。

すべての事務処理が終わり、東京駅のホームまでS氏を見送りましたが、その表情はとても寂しげに見えました。筆者はただS氏がこれから楽しい余生を過ごすことを祈り、S氏が乗った新幹線を視界から消えるまで見つめていました。

実務上の留意点

1　親族外（従業員等）承継では、後継者に資金調達力が課題

　本項目のケースでも、後継者が事業承継のための資金が不足したことに起因しています。事業譲渡以外にも、他の手法を検討すべきだったかもしれません。

2　経営承継円滑化法における金融支援の活用も

　事業承継の際にはさまざまな資金が必要となります。そこで経営承継円滑化法では、都道府県知事の認定を受けることを前提に、株式会社日本政策金融公庫又は沖縄振興開発金融公庫の金融支援が活用できる場合があります（参照：中小企業庁「事業承継における融資・保証制度」https://www.chusho.meti.go.jp/zaimu/shoukei/shoukei_enkatsu/kinyushien_pamphlet.pdf）。

　また、事業承継税制（特例措置）も活用することができます。ぜひ検討してみましょう。

実例から読みとく
事業承継トラブルの対応策

令和3年11月22日　初版発行

著　者　城　所　弘　明
発行者　新日本法規出版株式会社
代表者　星　　謙一郎

発 行 所　新日本法規出版株式会社
本　　　社　(460-8455)　名古屋市中区栄1－23－20
総轄本部　　　　　　　　電話　代表　052(211)1525
東京本社　(162-8407)　東京都新宿区市谷砂土原町2－6
　　　　　　　　　　　　電話　代表　03(3269)2220
支　　　社　札幌・仙台・東京・関東・名古屋・大阪・広島
　　　　　　高松・福岡
ホームページ　https://www.sn-hoki.co.jp/